... Títulos relacionados

IFCD0110 CONFECCIÓN Y PUBLICACIÓN DE PÁGINAS WEB

[DISPONIBLE CERTIFICADO COMPLETO]

Solicítalos en:
- Librería
- www.paraninfo.es
- Solicitudes nacionales +34 914 463 350
- Solicitudes fuera de España +34 913 308 907, +34 913 308 919

Creación de páginas web con el lenguaje de marcas
UF1302

Juan Ferrer Martínez

© 2024 Juan Ferrer Martínez
© 2024 Ediciones Paraninfo, S. A.

Diseño y maquetación: Ediciones Nobel, S. A.

ISBN: 978-84-283-6349-5
Depósito legal: M-19772-2024
Impresión: Liberdigital (Casarrubuelos, Madrid)

Impreso en España

Autor

Juan Ferrer Martínez, nacido y residente en Caravaca de la Cruz (Murcia), es ingeniero informático y funcionario de carrera de la Consejería de Educación de la Región de Murcia.

Trabaja como profesor de Formación Profesional, con más de dieciocho años de experiencia. Desde el año 2011 imparte docencia en el ciclo formativo de grado superior Desarrollo de Aplicaciones Web.

Tiene publicados más de una decena de libros, la mayoría relacionados con las aplicaciones web, siendo esta su segunda colaboración con Ediciones Paraninfo.

Índice

Introducción normativa

La Ley Orgánica 3/2022, de 31 de marzo, de ordenación e integración de la Formación Profesional, contiene una disposición derogatoria única que afecta a la regulación de los certificados de profesionalidad, ahora denominados **Certificados Profesionales**. La referida normativa deroga la Ley Orgánica 5/2002, de 19 de junio, de las Cualificaciones y de la Formación Profesional, y abre un escenario de cambios que se irán implementando progresivamente.

La Ley Orgánica 3/2022, de 31 de marzo, de ordenación e integración de la Formación Profesional implica que toda la formación es acumulable. La oferta formativa se estructura de forma escalonada, siendo los Certificados Profesionales un nivel intermedio (Grado C) de una escala que va desde el Grado A hasta el E.

En los artículos 35 a 38 de la Ley 3/2022 se describe en qué consisten estos Certificados Profesionales: su oferta, formación asociada, estructura, duración, acceso, titulación y validez. Posteriormente, esta normativa se completa con lo dispuesto en el Real Decreto 659/2023, de 18 de julio, que desarrolla la ordenación del sistema de Formación Profesional. Concretamente en los artículos 67 a 81 es donde se hace referencia a la oferta formativa de Grado C, correspondiente a los Certificados Profesionales.

Están agrupados en 26 familias profesionales con características comunes del sector. En la actualidad hay más de medio millar de Certificados Profesionales incluidos en el Repertorio Nacional. Esta cifra no deja de crecer. Además, cada certificado está específicamente regulado por un real decreto.

Un Certificado Profesional corresponde al Grado C de la oferta del Sistema de Formación Profesional. Es un documento oficial, con validez en todo el territorio nacional y debe constar en el Catálogo Nacional de Ofertas de Formación Profesional, que certifica la capacitación para el desarrollo de una actividad profesional.

Debe detallar los módulos profesionales superados y los estándares de competencia profesional asociados a él e incluidos en el **Catálogo Nacional de Estándares de Competencias Profesionales**, así como su correspondencia con el Marco Español de Cualificaciones.

Despliegan su validez en un doble ámbito, laboral y académico:

- En el contexto laboral tienen validez profesional, porque acreditan las competencias en una determinada profesión. Para poder trabajar en algunas profesiones, se exigen determinadas cualificaciones, y los certificados sirven para acreditarlas.

- Asimismo, tienen validez académica, puesto que permiten continuar un itinerario formativo siempre que se cumplan los requisitos de acceso para cursar la titulación deseada. De tal modo que, los Certificados Profesionales que sean parte de un Grado D permitirán la matrícula modular para completar los módulos establecidos en el currículo y obtener el correspondiente título de técnico básico, técnico o técnico superior con validez en todo el territorio nacional.

Para obtener un Certificado Profesional (Grado C) es preciso cumplir con los requisitos de acceso para realizar la formación.

Estructura de los Certificados Profesionales

I. Identificación: denominación, familia y área profesional a la que pertenecen; nivel de cualificación profesional (1, 2 o 3); cualificación profesional de referencia; entorno profesional y módulos formativos que esté previsto cursar junto con la duración de cada uno de ellos.

II. Perfil profesional: incluye las competencias profesionales requeridas en el mercado laboral. En todas ellas se concretan las realizaciones profesionales y los criterios de realización.

III. Formación: describe los módulos formativos que esté previsto cursar para adquirir las competencias requeridas. En cada uno de ellos se indican las capacidades que se pretende alcanzar y la duración del módulo de prácticas no laborales —PNL—, para el que cabe solicitar exención si se cumplen determinados requisitos.

IV. Prescripciones de las personas formadoras.

V. Requisitos mínimos de espacios, instalaciones y equipamiento.

Los Certificados Profesionales se identifican con una denominación concreta y un código alfanumérico propio, y sirven para acreditar una determinada cualificación profesional. Cada certificado está asociado a una relación de unidades de competencia que, a su vez, se vinculan con una serie de módulos formativos específicos. Algunos módulos están integrados por unidades formativas y tanto unos como otras son, en ocasiones, transversales, lo que significa que se trata de contenidos incluidos en más de un Certificado Profesional.

Los Certificados Profesionales se articulan en tres niveles de competencia profesional (1, 2 y 3) conforme a lo dispuesto en el que será el Catálogo Nacional de Estándares de Competencias Profesionales, anteriormente Catálogo Nacional de Cualificaciones Profesionales (CNCP), según los criterios establecidos de conocimientos, iniciativa, autonomía y complejidad de las tareas, en cada una de las ofertas de Formación Profesional.

La oferta formativa dirigida a la obtención de los Certificados Profesionales tiene carácter modular para favorecer la acreditación parcial acumulable de la formación recibida y posibilitar así el avance en el itinerario de Formación Profesional para cualquiera que sea la situación laboral de cada persona en cada momento.

En definitiva, el Grado C constituye la oferta, parcial y acumulable, del sistema de Formación Profesional, de varios módulos profesionales del catálogo modular de Formación Profesional por razón de su significado en el mercado laboral y conducente a la obtención de un Certificado Profesional.

Las ofertas de Grado C de Formación Profesional tendrán por objeto módulos profesionales incluidos previamente en el catálogo modular de formación profesional y asociados al Catálogo Nacional de Estándares de Competencias Profesionales.

Finalidad de los Certificados Profesionales

- Contribuir a la ordenación de un Sistema de Formación Profesional al servicio de un régimen de formación y acompañamiento profesionales que sea capaz de responder con flexibilidad a los intereses, expectativas y aspiraciones de cualificación profesional de las personas a lo largo de su vida.

- Combinar escuela y empresa situando a la persona en el centro del sistema.

- Facilitar el aprendizaje permanente de toda la ciudadanía mediante una formación abierta, flexible y accesible, estructurada de forma modular, a través de la oferta formativa asociada al certificado.

- Acreditar las cualificaciones profesionales o las unidades de competencia recogidas en estas, independientemente de su vía de adquisición, bien sea través de la vía formativa, o mediante la experiencia laboral o vías no formales de formación.

- Favorecer, tanto a nivel nacional como europeo, la transparencia del mercado de trabajo.

- Contribuir a la calidad de la oferta de Formación Profesional.

Este libro

El presente libro desarrolla la Unidad Formativa denominada *Creación de páginas web con lenguaje de marcas,* UF1302.

Dicha unidad formativa está asociada a la Unidad de Competencia UC0950_2, forma parte del Módulo Formativo MF0950_2 *Construcción de páginas web* perteneciente a la Cualificación Profesional de referencia IFC297_2, de nivel 2, incluida en el Certificado Profesional denominado IFCD0110 Confección y publicación de páginas web, dentro de la familia profesional Informática y Comunicaciones.

Según el Real Decreto 1531/2011, de 31 de octubre, modificado por el RD 628/2013, de 2 de agosto, los contenidos que en esta obra se recogen se corresponden con una duración de 80 horas.

Tanto la estructura como el desarrollo del libro se ajustan al citado real decreto y más concretamente a los contenidos de la Unidad Formativa que le da título *Creación de páginas web con el lenguaje de marcas.*

Contenidos

1. Los lenguajes de marcas
   - Características de los lenguajes de marcas.
     - Utilización de etiquetas.
     - Compatibilidad.
     - Editores de texto.
   - Estructura de un documento creado con lenguaje de marcas.
     - Comienzo del archivo.
     - Encabezados.
     - Titulo.
     - Estilos.
     - Cuerpo.
     - *Scripts.*
   - Navegadores web.
     - Navegadores modo texto.
     - Los navegadores más utilizados.
       - ✓ Explorer, Mozilla, Opera, etc.
   - Diferencias de visualización.

- Características y propiedades de los elementos multimedia.
- Recursos necesarios para el funcionamiento de los elementos multimedia.
- Etiquetas y propiedades para la inserción de audio.
- Etiquetas y propiedades para la inserción de vídeo.
- Etiquetas y propiedades para la inserción de programas.
- Formatos de audio y vídeo.
  - Descripción de los formatos de audio.
  - Descripción de los formatos de vídeo.
  - Configuración de los recursos para audio.
  - Configuración de los recursos para vídeo.
- Marquesinas.
  - Los textos con movimiento.
  - Utilización de las etiquetas para incluir marquesinas.
  - Las marquesinas y los distintos navegadores.

3. **Técnicas de accesibilidad y usabilidad**
   - Accesibilidad web, ventajas de la accesibilidad.
     - Definición de accesibilidad.
     - Aplicabilidad de la accesibilidad.
     - Descripción de las ventajas de la accesibilidad.
     - Facilidad de acceso.
     - Mejoras en la navegación.
     - Independencia de los navegadores.
   - Usabilidad web, importancia de la usabilidad.
     - Definición de usabilidad.
     - Interacción web-individuo.
     - Aplicabilidad de la usabilidad.
     - Recursos sobre usabilidad.
   - Aplicaciones para verificar la accesibilidad de sitios web (estándares).
     - Recursos web de estándares.
     - Utilización de los recursos en las páginas web.
     - Comprobar la accesibilidad en las páginas web.
   - Diseño de sitios web usables.

- Descripción de sitios web usables.
- Estudio de la estructura y diseño de los sitios web usables.
- Adaptación de sitios web usables.
  - Utilización de los sitios web usables.

4. **Herramientas de edición web**
   - Instalación y configuración de herramientas de edición web.
   - Funciones y características.
     - Descripción de los elementos de las herramientas web.
     - Ubicación de los elementos de las herramientas web.
     - Propiedades de los elementos de las herramientas web.
     - Tareas a realizar con una herramienta de edición web.
   - El lenguaje de marcas y las herramientas de edición web.

■ Nota del Editor

En Ediciones Paraninfo estamos comprometidos con la calidad de la formación e intentamos que nuestros materiales respondan fielmente y con rigor a las necesidades de todos cuantos confían en nuestro sello editorial.

Tratamos de dar respuesta a los currículos de las unidades formativas y de los módulos que integran los distintos Certificados Profesionales, equilibrando la parte teórica con la práctica para que los procesos de aprendizaje se conviertan en experiencias gratificantes, tanto para docentes como para las personas inmersas en los procesos formativos.

Nuestros objetivos son contribuir de forma decisiva a afianzar aprendizajes, ayudar a adquirir destrezas que tengan significado para el empleo y conseguir potenciar el desarrollo personal.

Para lograrlo contamos con excelentes autores, expertos en las materias que abordan, en la mayoría de los casos docentes de dichas especialidades con dilatada experiencia tanto profesional como académica, porque buscamos perfiles familiarizados con los contextos laborales concretos a los que se refieren nuestros manuales.

Confiamos en poder serte de ayuda y esperamos tus impresiones acerca de nuestro trabajo. Sean positivas o negativas, serán muy bien recibidas y, sin duda, nos ayudarán a seguir mejorando y trabajando con ilusión para continuar siendo un referente en formación para el empleo.

Agradecemos tu confianza en nuestros manuales. Todo nuestro equipo queda a tu total disposición. Puedes contactar con nosotros en esta dirección de correo electrónico:

info@paraninfo.es

Introducción

Los Certificados Profesionales son el instrumento de acreditación oficial de las cualificaciones profesionales del Catálogo Nacional de Cualificaciones Profesionales en el ámbito de la administración laboral. Acreditan el conjunto de competencias profesionales que capacitan para el desarrollo de una actividad laboral identificable en el sistema productivo sin que ello constituya regulación del ejercicio profesional.

El Certificado Profesional IFCD0110 **CONFECCIÓN Y PUBLICACIÓN DE PÁGINAS WEB** (Real Decreto 1531/2011, de 31 de octubre, modificado por el RD 628/2013, de 2 agosto), establece doce certificados de profesionalidad de la familia profesional Informática y Comunicaciones que se incluyen en el Repertorio Nacional de Certificados Profesionales (BOE 14/12/2011).

El IFCD0110 es un certificado de nivel 2 de cualificación, de 210 horas de duración. Se engloba en la familia profesional de Informática y Comunicaciones, en el área de "Desarrollo".

El Servicio Público de Empleo Estatal (SEPE) estipula que el certificado servirá para *Crear y publicar páginas web que integren textos, imágenes y otros elementos, utilizando lenguajes de marcas y editores apropiados, según especificaciones y condiciones de "usabilidad" dadas y realizar los procedimientos de instalación y verificación de las mismas en el servidor correspondiente.*

Dentro de este certificado se encuentra la Unidad Formativa **UF1302 *Creación de Páginas Web con el Lenguaje de Marcas,*** de 80 horas de duración.

El contenido de este libro se ajusta en su totalidad a esta unidad formativa UF1302. La distribución de capítulos, para facilitar su aprendizaje, se ha variado con respecto al orden de los contenidos propuestos por la ley. El caso más llamativo quizás sea el punto 4 de la ley Herramientas de edición web, que se ha repartido entre los capítulos 2 y 4 de este libro. Por poner otro ejemplo, el apartado Navegadores web, que forma parte del primer punto de la ley, aquí, en este libro, es un capítulo completo (el número 3).

Bloque I
Los lenguajes de marcas

1. Características de los lenguajes de marcas

Contenidos

Un **lenguaje de marcado** o **lenguaje de marcas** se puede definir como una forma de codificar un documento donde, junto con el texto, se incorporan etiquetas, marcas o anotaciones con información adicional relativa a la estructura del texto, su presentación. El lenguaje de marcas más conocido y utilizado es el **HTML** (HyperText Markup Language – lenguaje de marcado de hipertexto), que se utiliza en las páginas web.

Las marcas también están formadas de texto, que es interpretado cuando se muestra el documento, y suelen llamarse **etiquetas**. Existen tres clases de lenguajes de marcas, y pueden presentarse todas en un mismo documento:

1. **Marcas de presentación**: estas marcas se utilizan para describir la apariencia, el diseño y la estructura del contenido. Ejemplos de lenguajes: HTML, XHTML (*Extensible HyperText Markup Language*) y SVG (*Scalable Vector Graphics*).

2. **Marcas de datos**: estas marcas se utilizan para describir y presentar los datos de forma comprensible. Ejemplos de lenguajes: XML, RDF (*Resource Description Framework*) y YAML (*YAML Ain't Markup Language*).

3. **Marcas descriptivas**: también llamadas marcado descriptivo, o semántico. En los lenguajes de marcas descriptivas el formato está separado del contenido, permitiendo flexibilidad a la hora de reformatear un texto. Ejemplos de lenguajes: SGML y XML.

NOTA: A partir de ahora tomaremos como modelo de lenguaje de marcas el lenguaje HTML, por tanto, todos los términos y conceptos serán aplicados sobre este lenguaje.

1.1. Texto plano

Una de las principales ventajas de este tipo de codificación es que puede ser interpretado directamente, dado que son archivos de texto plano. Esto es una ventaja evidente respecto a los sistemas de archivos binarios, que requieren siempre de un programa intermediario para trabajar con ellos. Un documento escrito con lenguajes de marcado puede ser editado por un usuario con un sencillo editor de textos, sin perjuicio de que se puedan utilizar programas más sofisticados que faciliten el trabajo.

1.2. HTML

HTML es el lenguaje de marcado predominante para la construcción de páginas web. Es usado para describir la estructura y el contenido en forma de texto, así como para complementar el texto con objetos tales como imágenes. HTML se escribe en forma de "etiquetas" o "marcas", rodeadas por corchetes angulares "<" y ">".

HTML fue desarrollado originalmente por Tim Berners-Lee mientras trabajaba en el CERN (Suiza), y popularizado por el navegador Mosaic desarrollado en NCSA (National Center for Supercomputing Applications). Durante el transcurso de la década de 1990 proliferó con el crecimiento explosivo de la web. Durante este tiempo, se añadieron etiquetas al lenguaje HTML. La web depende de los autores de páginas web y de que las compañías compartan las mismas convenciones de HTML. Esto ha motivado el trabajo conjunto sobre las especificaciones de HTML.

Figura 1.1. HTML.

A las instrucciones que forman el lenguaje HTML se les llama elementos o etiquetas.

1.2.1. VERSIONES DE HTML

- HTML 1.0 (1991): la primera versión oficial de HTML, con un conjunto limitado de etiquetas y funcionalidades.

- HTML 2.0 (1995): mejoras en la estructura del documento y la inclusión de formularios.

- HTML 3.2 (1997): introducción de elementos como tablas y la posibilidad de agregar estilos al texto.

- HTML 4.0 (1997) y HTML 4.01 (1999): mayor énfasis en la separación entre contenido y estilo, incorporación de elementos semánticos y mejoras en la accesibilidad.

1.3. HTML5

HTML5 es la última versión de HTML. Entre sus novedades incorpora soporte nativo multimedia, etiquetas y elementos, mejoras en el marcado y nuevas API. La versión definitiva de la quinta revisión del estándar se publicó en octubre de 2014. La última versión hasta la fecha es la 5.3 publicada en enero de 2021 (https://www.w3.org/TR/2021/NOTE-html53-20210128/). Podemos seguir el desarrollo de este estándar a través de la página HTML Living Standard (https:// html.spec.whatwg.org/multipage/).

Figura 1.2. HTML5.

1.3.1. Ventajas de HTML5

HTML5 presenta varias ventajas con respecto a versiones anteriores del están-dar. Algunas de estas mejoras:

- Estructura semántica: introduce elementos semánticos que permiten una mejor estructura de los documentos.

- Compatibilidad con multimedia: incluye etiquetas específicas para audio y vídeo.

- API y funcionalidades avanzadas: algunas de estas funcionalidades son la geolocalización, almacenamiento en el lado cliente y soporte de gráficos.

- Mejor rendimiento: soporta la carga diferida lo que permite una carga más rápida de las páginas.

- Mayor accesibilidad: mejoras para personas con discapacidad visual, au-ditiva u otra.

- Diseño *responsive:* permite crear páginas que se adaptan a todo tipo de pantallas y resoluciones.

1.3.2. Diferencias entre HTML5 y HTML4

A continuación, se presentan las principales diferencias entre los citados len-guajes:

HTML4	HTML5
No tiene soporte nativo de audio y vídeo	El lenguaje soporta nativamente audio y vídeo
Permite uso de SVG en línea con uso restringido	Permite utilizar SVG en línea con el texto
No permite dibujar formas como círculos, triángulos y rectángulos	Permite dibujar formas como círculos, triángulos y rectángulos

HTML4	HTML5
Utiliza la caché del navegador y las *cookies* para almacenamiento temporal de la información	Utiliza bases de datos SQL de la web, el almacenamiento local y la caché de la aplicación para almacenamiento temporal
JavaScript y la interfaz del navegador se ejecutan en el mismo hilo	JavaScript y la interfaz del navegador se ejecutan en hilos separados
Compatible con todos los navegadores	Compatible solamente con las versiones más recientes de los navegadores; los navegadores antiguos no soportan muchas de las nuevas etiquetas
Uso de *div* para separar bloques de código	*Section, article, nav, header* y *footer* son algunos de los nuevos elementos que permiten establecer bloques en el código y que la búsqueda de errores sea más sencilla

1.4. Etiquetas y elementos

Las etiquetas son fragmentos de código que nos permiten crear elementos, es decir, son estructuras básicas del lenguaje HTML.

Los **elementos** son la estructura básica de HTML. Estos elementos HTML se dividen en tres partes.

- **Etiqueta de apertura:** se utiliza para indicar dónde empieza un elemento. La estructura básica de una etiqueta de apertura es la siguiente:

  — El carácter menor que "<" (inicio etiqueta)

  — Un identificador de etiqueta

  — Unos atributos junto con su valor, de la forma: atributo = valor

  — El carácter mayor que ">" (fin etiqueta)

- **Contenido:** el contenido es el resultado que ve la audiencia.

- **Etiqueta de cierre:** es lo mismo que la etiqueta de apertura, pero con una barra inclinada delante del nombre del elemento.

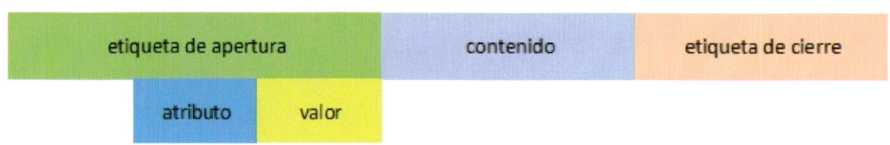

Figura 1.3. Elementos HTML.

A continuación, se presenta un ejemplo de un elemento HTML.

```
<p class="centrado">Hola Mundo</p>
```

Hay elementos que no tienen etiqueta de cierre, ya que no tienen contenido asociado. Para indicar este hecho se utiliza la barra "/" antes de cerrar la etiqueta de inicio.

```
<br />
```

1.5. Compatibilidad

El navegador de nuestra máquina es el que interpreta el código HTML de la página que visita, por lo que, a veces, puede ocurrir que dos usuarios visualicen la misma página de forma distinta si tienen instalados navegadores distintos o incluso versiones distintas del mismo navegador.

Los navegadores actuales pretenden ser compatibles con la última versión de HTML para poder interpretar el mayor número posible de etiquetas. Si un navegador no reconoce una etiqueta, la ignora, y el efecto que pretendía la etiqueta no queda reflejado en la página.

Hay ocasiones en las que es necesario instalar extensiones a los navegadores para que puedan ser compatibles con esta última versión.

Como resultado a estas extensiones, habrá páginas cuyo código podrá ser interpretado completamente por todos los navegadores, mientras que otras solo podrán ser interpretadas en su totalidad en los navegadores más actualizados.

En este último caso también puede ocurrir que alguna etiqueta de la página solamente pueda ser interpretada por un navegador concreto, y otra etiqueta por un navegador diferente al anterior, por lo que nunca sería visualizada en su totalidad por ningún navegador.

Uno de los retos de los diseñadores de páginas web es hacer las páginas más atractivas utilizando toda la potencia del lenguaje HTML, pero teniendo en cuentas estos problemas de compatibilidades para que el mayor número de internautas vean sus páginas tal como las han diseñado.

1.6. Editores de texto

El código HTML puede ser generado con cualquier editor de texto, es muy recomendable no utilizar editores de texto avanzados (Microsoft Word, OpenOffice

Writer, etc.), ya que añaden al texto caracteres especiales que no serían comprensibles por el navegador.

Los editores de HTML pueden ser de dos tipos: editores de texto plano y editores WYSIWYG.

1.6.1. Editores de texto plano

Permiten codificar y modificar las páginas utilizando el propio lenguaje HTML, a base de etiquetas. Editores de este tipo son: Bloc de Notas (Windows), Gnome Editor (Linux), Kde Editor (Linux), Notepad++ (Windows), Visual Studio Code (Multiplataforma), etc.

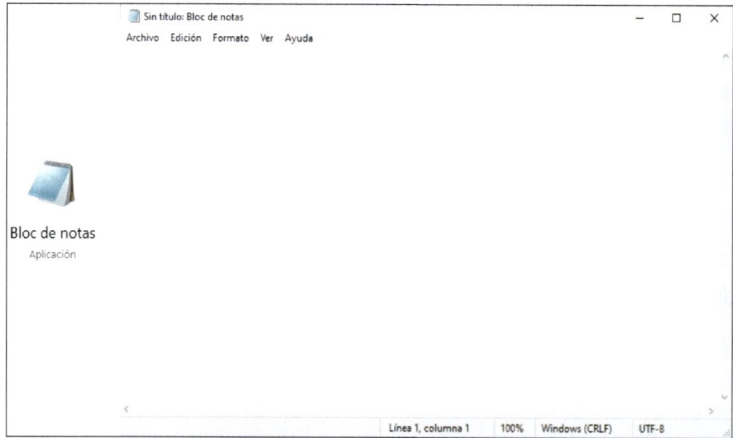

Figura 1.4. Bloc de notas.

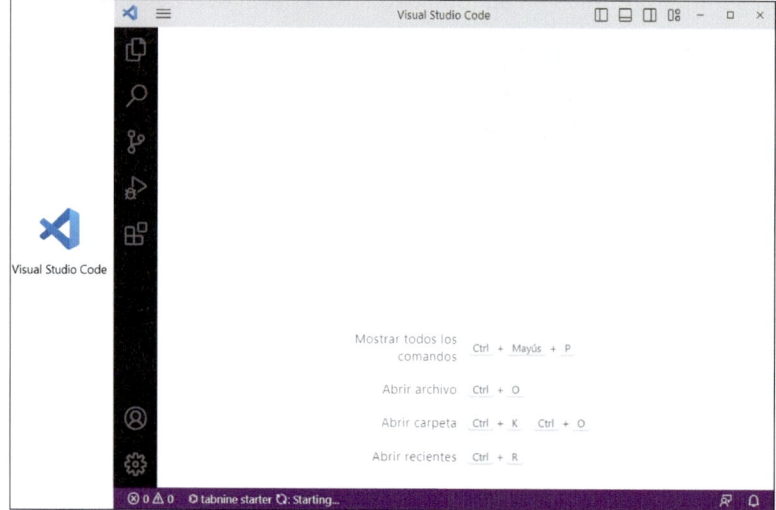

Figura 1.5. Visual Studio Code.

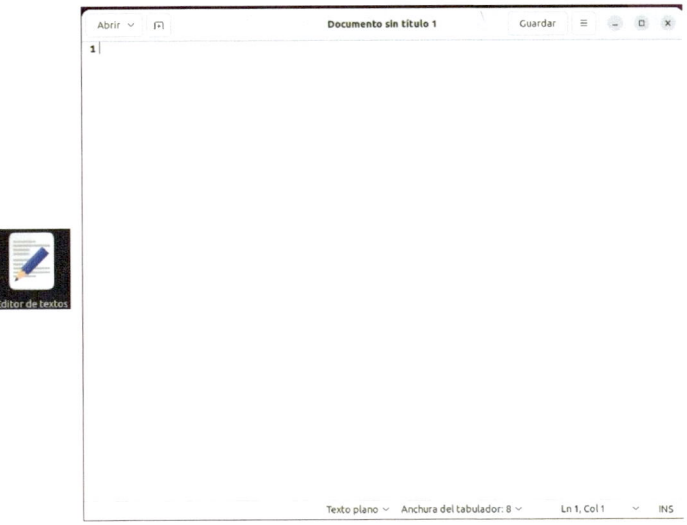

Figura 1.6. Gnome Editor.

1.6.2. Editores WYSIWYG

WYSIWYG significa "What You See Is What You Get" (lo que se ve es lo que se obtiene): nos permiten diseñar una página web como si estuviésemos escribiendo con un procesador de textos, sin tener que escribir el código con las etiquetas. Esta última vertiente presenta una facilidad adicional para las personas que no deseen complicarse la vida con el lenguaje HTML, porque no tengan tiempo de aprenderlo o porque se sientan incapaces de hacerlo. Editores de este tipo son: Adobe Dreamweaver (Windows), Microsoft Visual Studio Express (Windows), BlueGriffon (Multiplataforma), CoffeeCup Free Editor (Multiplataforma), etc.

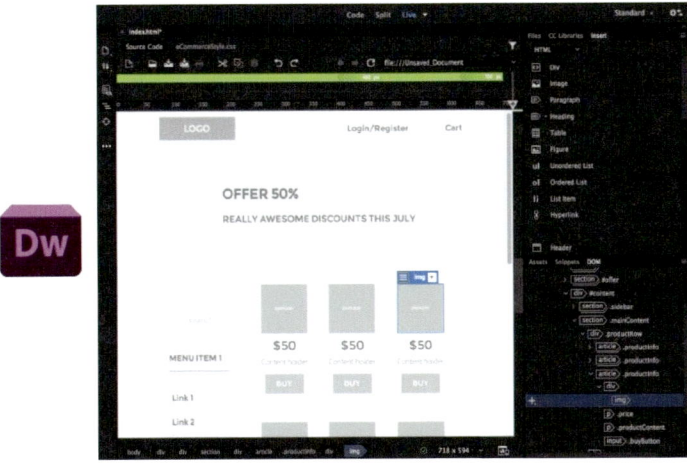

Figura 1.7. Adobe Dreamweaver.

Autoevaluación

1. Principal/es propiedad/es de un lenguaje de marcas es/son:
   a. Utilización de texto plano.
   b. Utilización de etiquetas para representar los elementos.
   c. Las dos respuestas anteriores son correctas.
   d. Todas las respuestas son falsas.

2. El/los siguiente/s lenguaje/s es/son de marcas:
   a. XHTML.
   b. XML.
   c. GML.
   d. HTML.
   e. Todas las respuestas son correctas.
   f. Todas las respuestas son falsas.

3. HTML son las siglas de:
   a. *HyperText Markup Language*.
   b. *HyperText Mobile Language.*
   c. *High Markup Languages.*
   d. Honda Mercedes Lancia.
   e. Todas las respuestas son correctas.
   f. Todas las respuestas son falsas.

4. Es obligatorio utilizar una herramienta de edición de páginas web para hacer páginas en HTML.
   a. Sí, ya que hay que compilarlas con dicho editor.
   b. Siempre.
   c. No, ya que no existen herramientas de edición de páginas web.
   d. No, aunque pueden ayudarnos en la elaboración de la página.
   e. Todas las respuestas son falsas.

5. En HTML los elementos vacíos, es decir, los elementos que no tienen etiqueta de cierre:

    a. No existen.

    b. No hay que hacer nada especial con ellos.

    c. Deben cerrarse.

    e. Hay que ponerlos en una línea independiente.

    f. Todas las respuestas anteriores son falsas.

6. HTML5 soporta nativamente los archivos multimedia:

    a. Sí, pero hay que instalar una serie de complementos al navegador para su reproducción.

    b. No, los archivos multimedia no son soportados nativamente.

    c. Sí, HTML5 soporta estos archivos de forma nativa.

    d. No, los archivos multimedia no existen.

2. Estructura de un documento creado con el lenguaje de marcas

Contenidos

Los documentos HTML deberán tener una extensión .html para ser reconocidos como tal. Si creamos un documento (aunque carezca de contenido), y le damos esa extensión, veremos que es asociado automáticamente a nuestro navegador predeterminado.

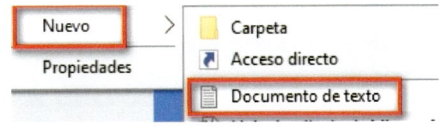

Figura 2.1. Nuevo → Documento de texto.

Figura 2.2. Nuevo documento de texto.

Figura 2.3. Cambiamos el nombre.

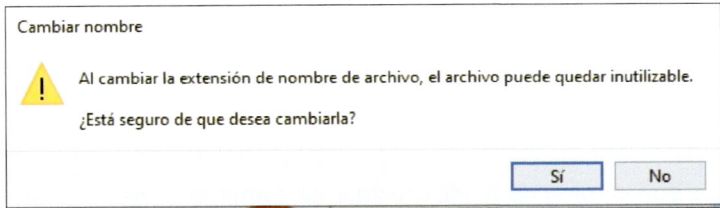

Figura 2.4. ¿Está seguro? Sí.

Figura 2.5. Archivo HTML.

Las páginas HTML están estructuradas en dos partes bien diferenciadas, podemos ver dichas partes en la siguiente figura:

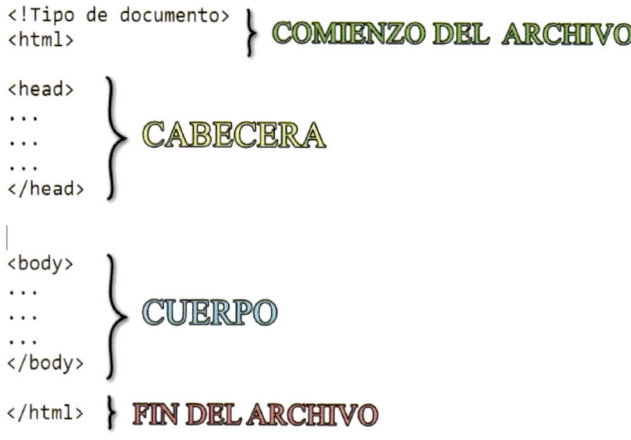

Figura 2.6. Estructura de un archivo HTML.

2.1. Comienzo del archivo

En el comienzo del archivo HTML aparecen dos etiquetas, la etiqueta que indica el tipo de documento y la etiqueta **<html>.**

2.1.1. Tipo de documento (DOCTYPE)

El tipo de documento no es obligatorio a efectos prácticos. Sirve para que el navegador web identifique el tipo de contenido del fichero. Esta definición se denomina *Document Type Definition* (definición de tipo de documento), o, de forma abreviada, DTD.

Determina qué versión de HTML utiliza el documento, y esa es una información clave que necesitan los navegadores u otras herramientas que procesen el documento.

En la mayor parte de los navegadores, una declaración doctype hará innecesario tener que realizar muchas aclaraciones extra, y podremos utilizar un modo de análisis sintáctico "estándar", con lo cual la interpretación (y, como resultado, la representación) del documento será no solo más rápida, sino también consistente y libre de cualquier sorpresa que causaría un documento sin él.

Para representar el tipo de documento se utiliza **DOCTYPE** (del inglés *Document Type Declaration*). La declaración <!DOCTYPE> no es una etiqueta HTML; es una instrucción para informar al navegador web en qué versión de HTML está escrita la página.

Tipos de declaraciones DOCTYPE:

Versión	Tipo	Instrucción	Descripción
HTML 4.01	**Strict**	`<!DOCTYPE HTML PUBLIC "-//W3C//DTD HTML 4.01// EN" "http://www.w3.org/ TR/html4/strict.dtd">`	*Strict* no permite marcado de presentación con el argumento de que debería usar CSS en su lugar para eso
	Transitional	`<!DOCTYPE HTML PUBLIC "-//W3C//DTD HTML 4.01 Transitional//EN" "http://www.w3.org/TR/ html4/loose.dtd">`	Permite algunos elementos y atributos antiguos que están en desuso
	Frameset	`<!DOCTYPE HTML PUBLIC "-//W3C//DTD HTML 4.01 Frameset//EN" "http:// www.w3.org/TR/html4/ frameset.dtd">`	Si está usando *frames* (marcos), para conseguir resultados válidos desde el validador SGML, necesitará este *frameset*
HTML5		`<!DOCTYPE html>.`	Se utiliza esta instrucción, mucho más corta y fácil de aprender

2.1.2. Marcas de inicio y final. Etiquetas <HTML> y </HTML>

Estas etiquetas definen el inicio (<html>) y fin (</html>) de un documento HTML; le indica al navegador que lo que viene a continuación debe ser interpretado como código HTML.

Las etiquetas <html> y </html> son el contenedor para el resto de los elementos HTML (excepto <! DOCTYPE>). Soporta una serie de atributos:

Atributo	Valor	Descripción
manifest	URL	Especifica la dirección de manifiesto de la caché del documento (para navegar sin conexión)
xmlns	http://www.w3.org/1999/xhtml	Especifica el atributo de espacio de nombres XML
lang	es, en, fr, etc.	Podemos encontrar los códigos soportados en http://www.w3schools.com/tags/ref_language_codes.asp

```
<html lang="es">
```

NOTA: Es posible también que alguna vez en el código de una web el lenguaje venga expresado como *lang="en-US";* las primeras letras antes del guion hacen referencia al idioma y las segundas letras, que van en mayúsculas, hacen referencia al país (se puede consultar el listado de abreviaturas de países en la web http://www.w3schools.com/tags/ref_country_codes.asp).

```
<html lang="es-ES">
```

PRÁCTICA 2.2. *Edita el fichero creado en la práctica anterior, y añade las etiquetas <!DOCTYPE> y <html> con sus correspondientes etiquetas de cierre (donde proceda). Guarda dicho fichero como practica2.html.*

2.2. Cabecera o encabezado

La cabecera de un documento HTML es donde se almacena la información acerca del documento. Dentro de la cabecera pueden ir alojados el título, los estilos CSS, etiquetas meta, *scripts* y enlaces; todos estos elementos los abordaremos en los siguientes apartados.

Las etiquetas que determinan el inicio y fin de la cabecera son **<head>** y **</head>**. No es obligatorio el uso de cabecera en una página, aunque sí es muy recomendable.

La posición que ocupa en una página HTML es justo después de la etiqueta de inicio del código HTML (<html>), y debemos cerrar dicha etiqueta antes de empezar con la etiqueta que indica el inicio del cuerpo de la página (<body>).

Con lo que hemos visto hasta ahora, tenemos:

PRÁCTICA 2.3. *Sobre el fichero practica2.html añadir la etiqueta <head> y su etiqueta de cierre (si procede). Guarda este fichero como practica3.html.*

2.2.1. Meta

La etiqueta <meta> es un elemento HTML que se utiliza para proporcionar información adicional, llamada metadatos, sobre un documento HTML.

Los metadatos no se muestran directamente en la página web, sino que sirven como información para navegadores, motores de búsqueda y otras aplicaciones que interactúan con la página.

Atributos de la etiqueta <meta>:

Atributo	Valor	Descripción
charset	• UFT-8: codificación de caracteres para Unicode. Así se evita, por ejemplo, que la "ñ" o las tildes no se muestren correctamente. • ISO-8859-1: codificación de caracteres para el alfabeto latino.	El atributo **charset** se utiliza para especificar la codificación de caracteres utilizada en el documento HTML.
name	• **autor:** para indicar el autor de la página. • **viewport:** controla cómo se muestra la pantalla en dispositivos móviles.	Se utiliza en conjunto con el atributo **content** para proporcionar información sobre el documento, como la descripción, las palabras clave o el autor.
content	• (autor) en **content** pondremos el nombre del autor propiamente dicho. • (viewport) controla cómo se renderiza la página en dispositivos móviles. Habitualmente se usa con los atributos **width** e **initial-scale.**	• *width=device-width* establece el ancho de la página web para seguir el ancho de la pantalla del dispositivo (que variará según este). • *initial-scale=1* establece el nivel de *zoom* inicial cuando el navegador carga la página web por primera vez.

A continuación, se presenta una página HTML con la etiqueta <meta> incluida.

```
<!DOCTYPE html>
<html lang="es">
<head>
 <meta name="author" content="Juan Ferrer">
<meta charset="UTF-8">
 <meta name="viewport" content="width=device-width,
initial-scale=1.0">
</head>

</html>
```

PRÁCTICA 2.4. *Partiendo de la práctica anterior añade la parte meta como se ha visto en el ejemplo anterior. Guarda esta práctica como practica4.html.*

2.2.2. Título

Va incluido en la cabecera de la página web. Las etiquetas que determinan el título son **\<title>** y **\</title>**.

El título de una página HTML está diseñado como:

- Texto que aparece en la barra de título de la ventana del navegador.

- Texto con el que se añade con ese nombre a los favoritos.

- Texto en el que se basan los buscadores.

```
<!DOCTYPE html>
<html lang="es">
<head>
<meta name="author" content="Juan Ferrer">
<meta charset="UTF-8">
 <meta name="viewport" content="width=device-width, initial-
 scale=1.0">

<title> Creación de Páginas Web con el Lenguaje de Marcas</title>
</head>
</html>
```

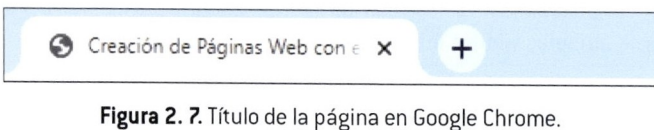

Figura 2. 7. Título de la página en Google Chrome.

Figura 2.8. Título de la página en Mozilla Firefox.

NOTA: Desde el siguiente enlace se pueden seguir unos consejos acerca de a escritura correcta del elemento título (publicado por Tim Berners-Lee, 1992): http://www.w3.org/Provider/Style/TITLE.html.

PRÁCTICA 2.5. *Añade a la práctica anterior un título con tu nombre y guarda el resultado como practica5.html.*

2.3. Estilos

El lenguaje HTML está limitado a la hora de aplicarle forma a un documento. Esto es así porque fue concebido para otros usos (científicos, sobre todo), distintos a los actuales, mucho más amplios.

Para solucionar estos problemas los diseñadores han utilizado técnicas tales como la utilización de tablas con imágenes transparentes para ajustarlas, utilización de etiquetas que no son estándares de HTML y otras.

Estas "trampas" han causado a menudo problemas en las páginas a la hora de su visualización en distintas plataformas.

Para subsanar estar carencias aparecen las **hojas de estilo en cascada CSS (*Cascading Style Sheets*).** Para dar valor a una etiqueta con CSS utilizaremos el nombre de la etiqueta separada de ":" (dos puntos); a continuación, vendrá el valor de dicha etiqueta.

Ámbito aplicación	Ubicación	Uso

Toda la página	Dentro del fichero HTML	Dentro de la cabecera (`<head>`) el código CSS irá entre las etiquetas:
		
		`<head>`
		...
		`<style>`
		...
		`</style>`
		...
		`</head>`

Toda la página	Fichero externo .css	Dentro de la cabecera (`<head>`) cargaremos la hoja de estilo externa con la estructura:
		
		`<head>`
		...
		`<link rel="stylesheet" href="nombre.css">`
		...
		`</head>`
		
		Donde *nombre.css* es el nombre del fichero que contiene el código CSS

Ámbito aplicación	Ubicación	Uso

Zona determinada	Mediante el uso de etiquetas <div> y <span>	Las etiquetas <div> y <span> permiten definir trozos de código donde es posible asignar un formato diferente al resto de la página.
		
		`<div style="text-align:center">`
		…
		`</div>`

Zona determinada	Aplicación de estilos directamente sobre etiquetas	Podemos definir estilos diferentes para una sola etiqueta.
		
		`<p style="text-align:right">`
		…
		`</p>`

Aquí tenemos cómo definir estilos CSS con <style type="text/css"> en la cabecera de la página web.

```
<!DOCTYPE html>
<html lang="es">

<head>
...
<style>
...
...
</style>
...
</head>

</html>
```

NOTA: El atributo **type** de <style> está obsoleto, por tanto, no debemos utilizarlo. Es muy común encontrar la definición de <style> de esta forma:

```
<style type="text/css">
</style>
```

Debemos reemplazarla por la etiqueta <style>.

```
<style>
</style>
```

A continuación, tenemos cómo hacer referencia a un fichero externo (podrían ser varios) llamado "archivo.css", dentro de <head> y </head> utilizando la etiqueta **<link rel>**:

```
<!DOCTYPE html>
<html lang="es-ES">

<head>
…
<link rel="stylesheet" href="archivo.css">
…
</head>

</html>
```

Podemos mezclar el uso de ficheros externos y declaración de estilos local en una misma página web. En caso de colisión, se toma la definición local complementaria (es decir, la que está entre <style> y </style>).

```
<!DOCTYPE html>
<html lang="es-ES">

<head>
…
<link rel="stylesheet" href="archivo.css">
…
<style>
…
…
</style>
…
</head>

</html>
```

La etiqueta <style> puede tomar los siguientes atributos:

Atributo	Descripción	Ejemplo

type	Especifica el tipo MIME (*Multipurpose Internet Mail Extensions*). Para CSS, el tipo MIME es "text/css".
	
	 Como hemos comentado anteriormente, es conveniente omitir este parámetro.
		`<style type="text/css">`
		 ...
		 ...
		 `</style>`

media	Permite especificar en qué medios o dispositivos se aplicarán los estilos CSS.
	
	 Valores posibles para este atributo: **"screen"** (pantalla), **"print"** (impresión) y **"speech"** (lectores de pantalla).
		`<style media="screen">`
		 ...
		 ...
		 `</style>`

2.4. *Scripts*

Un *script* del lado del cliente es un código de programación que puede acompañar a un documento HTML o ir directamente incluido en él. Este código se ejecuta en la máquina del cliente cuando se realiza la acción detonante de dicho *script*. El soporte de lenguajes de script por parte de HTML es independiente del propio lenguaje *script*.

Los scripts ofrecen a los programadores la forma de extender de forma activa e interactiva los documentos HTML.

Existen dos tipos de *scripts* que podemos adjuntar a documentos HTML:

- Aquellos que son ejecutados una vez cuando el cliente carga la página. Los *scripts* que aparecen dentro de un elemento <script> se ejecutan cuando el documento se carga. Para navegadores que no soporten scripts podemos incluir el elemento <noscript>.

- Aquellos que son ejecutados cada vez que ocurre un evento. Estos eventos pueden ser asignados a un número de elementos vía atributos de eventos intrínsecos.

2.4.1. Diseño de documentos para clientes que soportan *scripts*. El elemento *script*

El elemento <script> puede ir definido en la cabecera del documento (<head>) o en el cuerpo (<body>). Este elemento puede definirse de la siguiente forma:

Atributo	Valor	Descripción	Ejemplo
type	Tipo de contenido	Este atributo especifica el lenguaje en el que está programado el *script*. Se define como tipo de contenido (*content-type*). **Obligatorio,** no existe valor por defecto para este parámetro	`… type ="text/ javasript" …` `… type="module" …`
src	URL (identificador de recurso uniforme)	Este atributo especifica la localización de un *script* externo. Este atributo va asociado obligatoriamente a **type="text/javascript"**	`… src="http://miweb. com/script.js" …` `src="script.js" …`
defer	defer	Las secuencias de comandos deben ser ejecutadas una vez que el documento ha sido completamente cargado (solo puede usarse con hojas externas)	`defer`
async	async	La secuencia de comandos se descarga en paralelo al análisis de la página y se ejecuta tan pronto como esté disponible (solo puede usarse con hojas externas)	`async`
Crossorigin	Credenciales de uso anónimas	Es un valor que indica si la petición hecha a un servidor externo debe presentar credenciales o no. Los dos valores posibles son: • anonymous • use-credentials	`crossorigin="use- credentials"`

A continuación, se presenta un ejemplo de *script* dentro del código HTML.

```
<!DOCTYPE html>
<html lang="es">
<head>
    <title>Ejemplo de documento con script</title>
    <script type="text/javascript">
        ...
        ...AnimationEffect
    </script>
</head>
<body>

</body>
</html>
```

Y en este caso, en un fichero externo:

```
<!DOCTYPE html>
<html lang="es">
<head>
    <title>Ejemplo de documento con script</title>
    <script type="text/javascript" src="fichero.js"></script>
</head>
<body>

</body>
</html>
```

Como hemos indicado anteriormente también podemos utilizar *scripts* mediante eventos intrínsecos (al cargar o descargar una página, al pulsar un botón o activar una tecla, etc.). El estándar HTML5 desaconseja usar los eventos desde el código HTML y, en su lugar, invita a utilizar JavaScript para tal hecho.

2.4.2. Diseño de documentos para navegadores cliente que no soportan *scripts*. NOSCRIPT

El elemento NOSCRIPT puede definirse de la siguiente forma:

```
<noscript> Texto indicando que su navegador no soporta ese lenguaje de script </noscript>
```

En el ejemplo siguiente si el navegador del cliente no soporta *scripts,* el usuario puede enviar los datos a través de un enlace.

```
<script type="text/javascript">
....
....
</script>

<noscript>
  <p>Esta página no soporta JavaScript</p>
</noscript>
```

2.5. Cuerpo

Las etiquetas <body> </body> definen el cuerpo de nuestras páginas web. Dicho cuerpo contiene todo el contenido de nuestro documento HTML: textos, enlaces, imágenes, tablas, listas, etc.

Atributo	Descripción	Ejemplo
id	Se utiliza para asignar un identificador único a la etiqueta <body>	`<body id="mi-pagina">`
class	Se utiliza para asignar una o más clases de estilo a la etiqueta <body>	`<body class="oscuro">`
onoffline	Se activa si el navegador detecta que la conexión a Internet se ha perdido	`body onoffline="alert (' La conexión a Internet se ha perdido.')">`
ononline	Se activa si el navegador detecta que la conexión a Internet se ha recuperado	`body ononline="alert (' La conexión a Internet se ha recuperado.')">`

Ya podemos formar una página web completa.

PRÁCTICA 2.6. *Partiendo de la práctica anterior añade la parte del <body>, de momento vacía. Guarda esta práctica como practica6.html.*

Autoevaluación

1. Las siglas DTD significan:
   a. *Data to Document.*
   b. *Document type Domain.*
   c. Dicloro Tricloroetano Difenil.
   d. Todas las respuestas son correctas.
   e. Todas las respuestas son falsas.

2. Las etiquetas que son el contenedor para el resto de elementos HTML son:
   a. <head> y </head>.
   b. <body> y </body>.
   c. <!DOCTYPE>.
   d. <html> y </html>.
   e. Todas las respuestas son correctas.
   f. Todas las respuestas son falsas.

3. Las etiquetas <title></title> van dentro de:
   a. <head> y </head>.
   b. <body> y </body>.
   c. <!DOCTYPE>.
   d. <html> y </html>.
   e. Todas las respuestas son correctas.
   f. Todas las respuestas son falsas.

4. Los scripts externos deben ser referenciados entre las etiquetas:
   a. <head> y </head>.
   b. <body> y </body>.
   c. <!DOCTYPE>.
   d. <html> y </html>.
   e. Todas las respuestas son correctas.
   f. Todas las respuestas son falsas.

5. El contenido de la página, es decir, la información, imágenes, vídeos, etc., va entre las etiquetas:

   a. \<head\> y \</head\>.

   b. \<body\> y \</body\>.

   c. \<!DOCTYPE\>.

   d. \<html\> y \</html\>.

   e. Todas las respuestas son correctas.

   f. Todas las respuestas son falsas.

3. Navegadores web

Contenidos

Un navegador web, *web browser* o simplemente *browser,* es una aplicación utilizada para navegar por Internet y que se utiliza para la interpretación de sitios web o archivos que están desarrollados en un lenguaje de programación orientado a la web. Los navegadores son los que permiten visualizar textos, gráficos, animaciones, acceder a sonidos y ejecutar programas.

3.1. Navegadores modo texto

Los navegadores en modo texto se caracterizan por una presentar el contenido en líneas de texto, interactuando con el usuario a través del teclado.

Los navegadores en modo texto consumen entre un cinco y un diez por ciento de los recursos que necesita un gráfico, así que son una buena alternativa para ordenadores que no soportan un entorno de ventanas.

Tienen algunas limitaciones, aunque algunos de ellos son lo suficientemente potentes como para mostrar imágenes, e incluso *scripts* de Java.

3.1.1. Lynx

Lynx es un navegador web y cliente de gopher en modo texto que fue desarrollado por Thomas Dickey junto a desarrolladores independientes. Este navegador presenta las siguientes características:

- Usado en terminales de cursor direccionable y celdas de caracteres, o emuladores de terminal.

- Soporte para varias características de HTML.

- Soporte para marcadores y *cookies.*

Instalación de Lynx en Windows

1. Vamos a la web "https://lynx.browser.org/"; dentro de la página nos aparece un enlace a la última versión estable 2.8.8.

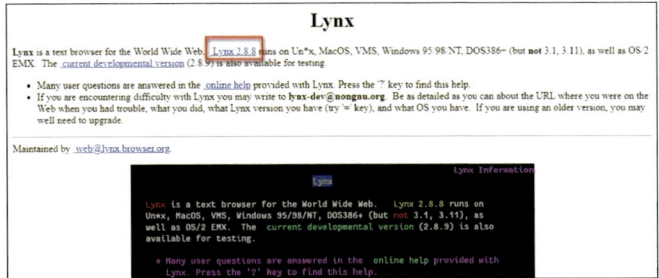

Figura 3.1. https://lynx.browser.org.

2. Desde aquí se nos redirige a la web https://lynx.invisible-island.net/release/, donde tenemos los enlaces de descarga para esta versión y las anteriores.

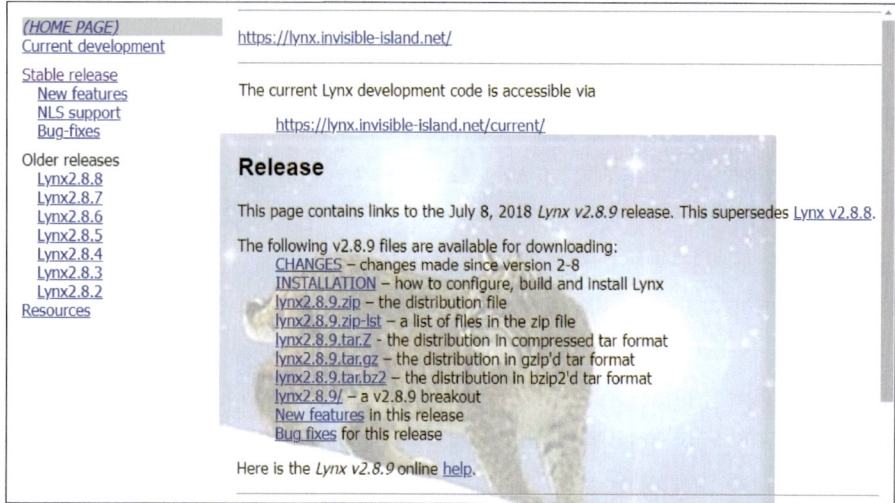

Figura 3.2. https://lynx.invisible-island.net/release/.

3. Dentro de esta página nos desplazamos hacia abajo hasta llegar a "Windows Binaries":

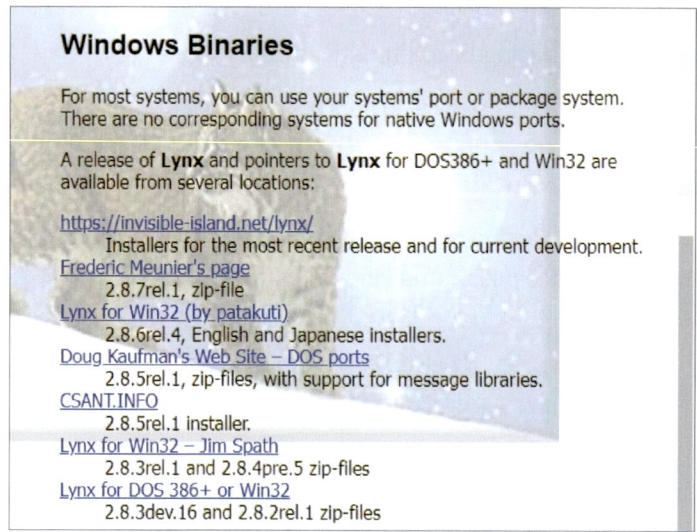

Figura 3.3. ftp://invisible-island.net/lynx/.

4. Seleccionamos https://invisible-island.net/lynx/. De nuevo nos desplazamos hacia abajo hasta llegar a "Win32 installers".

Figura 3.4. Win32 installers.

5. Seleccionamos "Stable release" y "curses (color-style)".

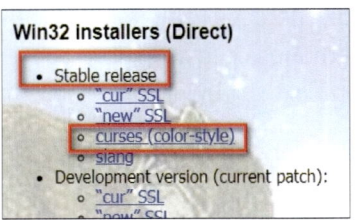

Figura 3.5. Stable release → curses (color-.style).

6. Se nos descargará el fichero "lynx-cs-setup.exe"

Figura 3.6. Lynx-cs-setup.

7. Hacemos doble clic en el fichero y comenzamos la instalación. En algunas versiones de Windows es posible que, para efectuar la instalación,

debamos ejecutar el programa como Administrador, para ello hacemos clic con el botón secundario del ratón encima del fichero y seleccionamos "Ejecutar como Administrador".

Figura 3.7. Comenzamos la instalación.

8. A continuación, nos aparece el acuerdo de Licencia de instalación, debemos aceptar los términos de la licencia si queremos continuar la instalación y hacer clic en Next (Siguiente).

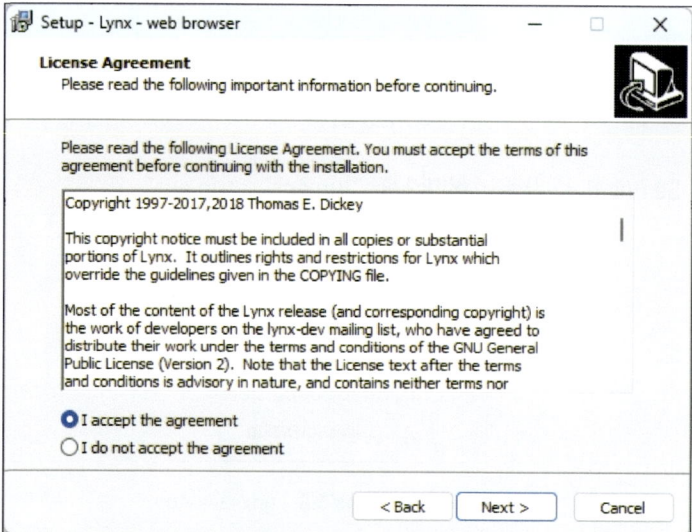

Figura 3.8. Acuerdo de licencia.

9. Nos aparece una pantalla mostrando el fichero LÉAME de Lynx (Lynx README file); de nuevo, para continuar la instalación, debemos hacer clic en Next.

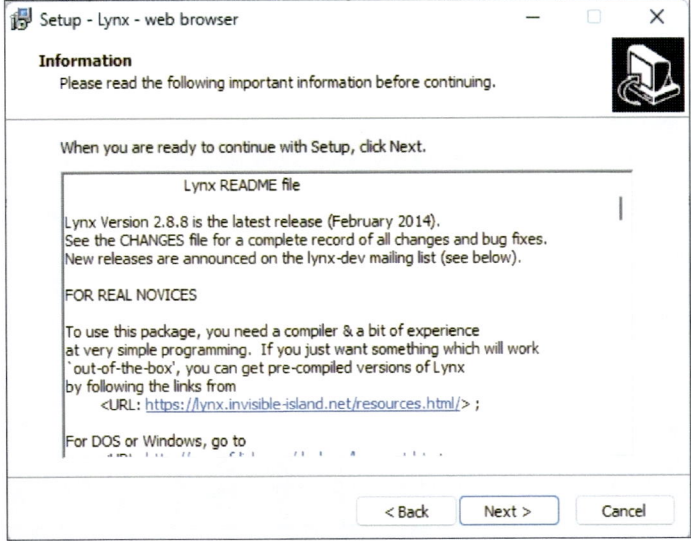

Figura 3.9. Fichero LÉAME de Lynx.

10. Ahora debemos seleccionar la carpeta donde se instalará Lynx en nuestro sistema, por defecto "C:\Program Files (x86)\Lynx - web browser".

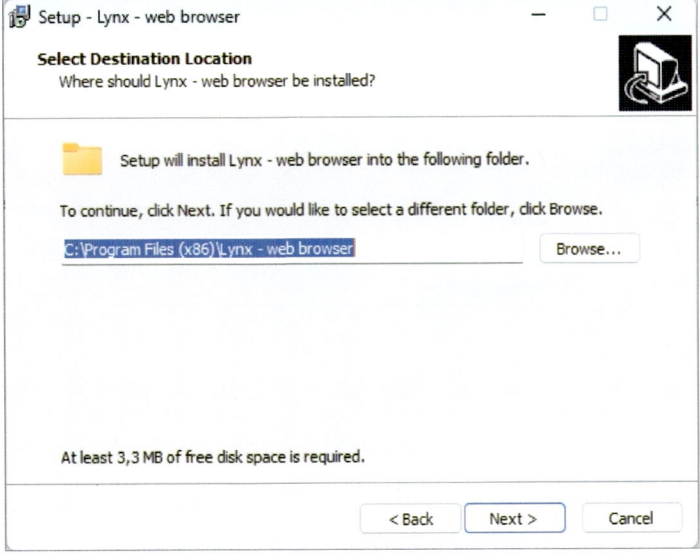

Figura 3.10. Seleccionar la localización de la instalación.

11. En este paso podemos seleccionar el tipo de instalación (completa, compacta y personalizada) y los componentes a instalar. En caso de duda ante alguna opción se recomienda dejar seleccionado el valor por defecto.

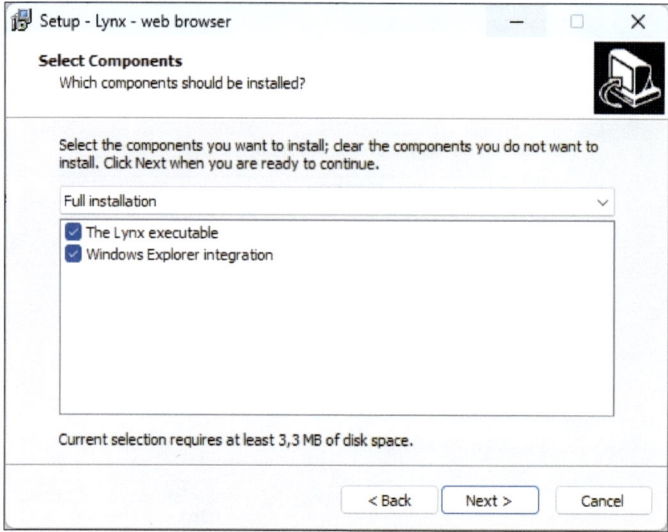

Figura 3.11. Seleccionar componentes.

12. Estamos llegando casi al final, ahora habrá que elegir la carpeta en la que nos aparecerá en el menú de Inicio, también tenemos la opción de que no se cree la carpeta en el menú de Inicio (*Dont create a Start Menu folder*) y, por tanto, no aparecerá al hacer clic en Inicio → Programas:

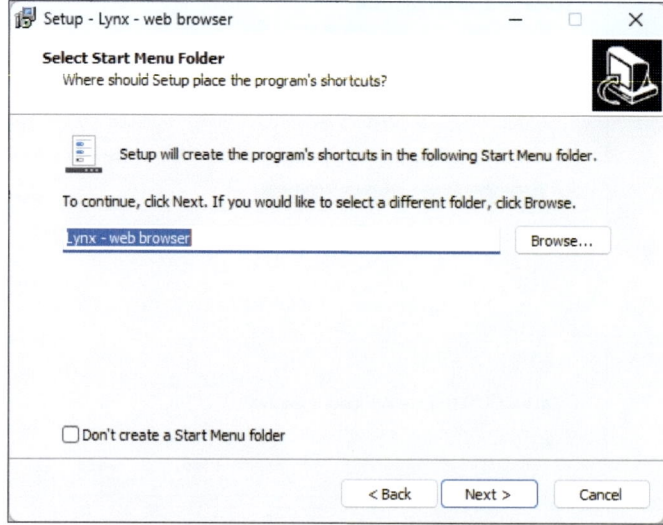

Figura 3.12. Seleccionar carpeta del Menú de Inicio.

13. En esta pantalla podemos seleccionar (o no) las opciones: Instalar para todos los usuarios de la máquina (*Install for all users on this machine*); Utilizar el registro para las variables de entorno (*Use registry for environment variables*), Añadir enviar a Lynx en el explorador de archivos (*Add Send To Entry*), Crear un icono en el escritorio (*Create a desktop icon*) y Crear un icono en la barra de tareas rápida (*Create a Quick Launch icon*). Al igual que ocurría anteriormente, en caso de duda ante una de las opciones se recomienda dejar seleccionado el valor por defecto.

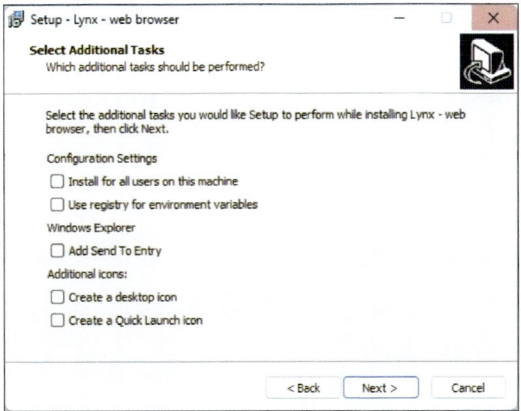

Figura 3.13. Seleccionar tareas adicionales.

14. Ya hemos terminado de configurar todo, ahora se instalará la aplicación en nuestro sistema. Una vez finalizada la instalación haremos clic en finalizar (*Finish*) para concluirla definitivamente. Por defecto está marcado que se abra la aplicación una vez hayamos hecho clic en Finalizar (*Launch Lynx – web browser*).

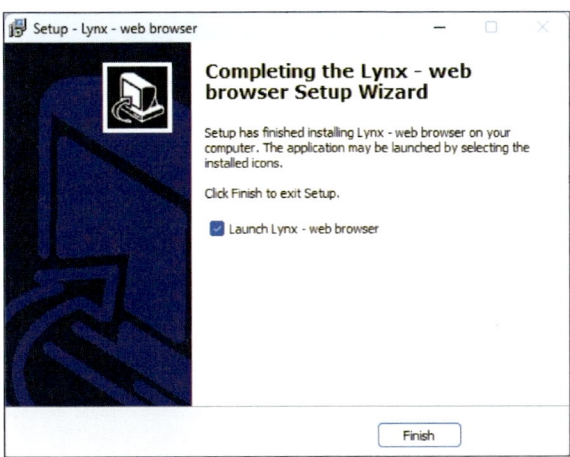

Figura 3.14. Instalación finalizada.

15. Enhorabuena, ya se tiene Lynx instalado en el sistema.

Figura 3.15. Lynx en funcionamiento.

PRÁCTICA 3.1. *Descargua e instala Lynx para Windows. Haz capturas de todo el proceso seguido.*

Instalación de Lynx en Linux

Para instalar Lynx en distribuciones Linux basadas en Debian/Ubuntu debemos seguir los siguientes pasos:

1. Ejecutar desde la terminal la instalación de Lynx mediante **apt-get:**

```
sudo apt-get install lynx
```

```
~$ sudo apt install lynx
[sudo] contraseña para administrador: █
```

Figura 3.16. sudo apt-get install lynx.

2. Nos informa que se deberán descargar 1743 kB y necesitará 5598 kB de espacio en disco para poder instalarse. Si estamos de acuerdo debemos escribir "s" para continuar (es la opción por defecto; también podríamos dar intro).

```
~$ sudo apt install lynx
[sudo] contraseña para administrador:
Leyendo lista de paquetes... Hecho
Creando árbol de dependencias... Hecho
Leyendo la información de estado... Hecho
Se instalarán los siguientes paquetes adicionales:
  lynx-common
Se instalarán los siguientes paquetes NUEVOS:
  lynx lynx-common
0 actualizados, 2 nuevos se instalarán, 0 para eliminar y 217 no actualizados.
Se necesita descargar 1.743 kB de archivos.
Se utilizarán 5.598 kB de espacio de disco adicional después de esta operación.
¿Desea continuar? [S/n] █
```

Figura 3.17. ¿Desea continuar?

3. Tras unos segundos, dependiendo de la velocidad de nuestra línea y de nuestro equipo, la aplicación se descarga e instala en nuestro sistema.

```
Se utilizarán 5.598 kB de espacio de disco adicional después de esta operación.
¿Desea continuar? [S/n]
Des:1 http://es.archive.ubuntu.com/ubuntu jammy/universe amd64 lynx-common all
2.9.0dev.10-1 [1.024 kB]
Des:2 http://es.archive.ubuntu.com/ubuntu jammy/universe amd64 lynx amd64 2.9.0
dev.10-1 [719 kB]
Descargados 1.743 kB en 1s (2.440 kB/s)
Seleccionando el paquete lynx-common previamente no seleccionado.
(Leyendo la base de datos ... 203533 ficheros o directorios instalados actualme
nte.)
Preparando para desempaquetar .../lynx-common_2.9.0dev.10-1_all.deb ...
Desempaquetando lynx-common (2.9.0dev.10-1) ...
Seleccionando el paquete lynx previamente no seleccionado.
Preparando para desempaquetar .../lynx_2.9.0dev.10-1_amd64.deb ...
Desempaquetando lynx (2.9.0dev.10-1) ...
Configurando lynx-common (2.9.0dev.10-1) ...
Configurando lynx (2.9.0dev.10-1) ...
update-alternatives: utilizando /usr/bin/lynx para proveer /usr/bin/www-browser
 (www-browser) en modo automático
Procesando disparadores para man-db (2.10.2-1) ...
Procesando disparadores para mailcap (3.70+nmu1ubuntu1) ...
~$
```

Figura 3.18. Descarga e instalación de Lynx.

4. Una vez instalado, para poder ejecutarlo, debemos teclear en la terminal:

```
lynx
```

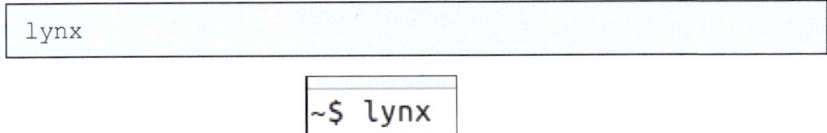

Figura 3.19. Ejecutamos Lynx desde la terminal.

5. Ya tenemos Lynx en funcionamiento.

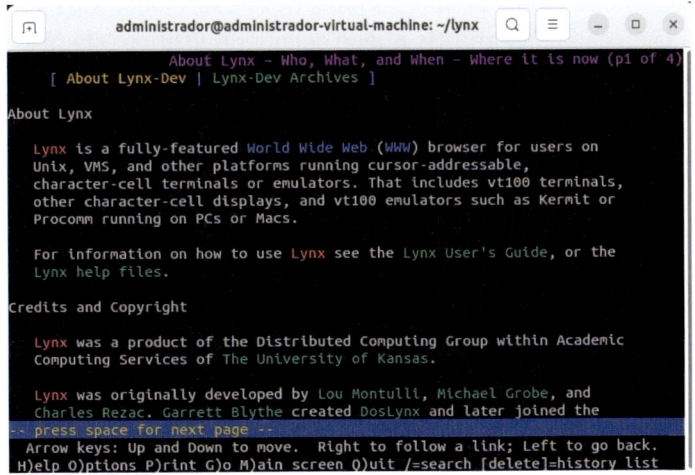

Figura 3.20. Lynx en funcionamiento.

NOTA: Recuerda que se debe utilizar la terminal para lanzar esta aplicación, puesto que no crea entrada en el menú de inicio de Debian/Ubuntu.

PRÁCTICA 3.2. *Descarga e instala Lynx para Linux. Haz capturas de todo el proceso seguido.*

3.2. Los navegadores más utilizados

3.2.1. Google Chrome

Google Chrome es un navegador web desarrollado por Google y compilado con base en varios componentes e infraestructuras de desarrollo de aplicaciones (*frameworks*) de código abierto, como el motor de renderizado Blink (bifurcación o *fork* de WebKit). Está disponible gratuitamente bajo condiciones de servicio específicas.

Google Chrome
Aplicación

Figura 3.21. Google Chrome.

Lanzado en 2008, en mayo de 2023 se usa en un 63 % de los sistemas que acceden a Internet, siendo el líder indiscutible en su categoría.

Las principales características de Google Chrome son:

- Chrome tiene su propio Administrador de tareas, muestra la memoria y CPU usada en cada pestaña. Se puede acceder pulsando "Mayúsculas+ESC" desde Chrome.

- Cada pestaña es un proceso independiente, por tanto, si una pestaña está bloqueada no afecta al resto de pestañas.

- Simular conexiones de red: desde DevTools, en la pestaña red podemos configurar el tipo de conexión de nuestra máquina, pudiendo seleccionar distintos tipos de conexiones.

- Una sola caja de búsqueda, dirección e historia. Tan solo tenemos un cuadro de entrada para estas tres cajas.

- Se incluye un modo de incógnito, en el que no se guardará en Chrome el historial, los campos de formulario o las *cookies*.

- Se pueden tener favoritos y las preferencias de navegador sincronizados entre varios dispositivos mediante la cuenta de Google.

En 2010, Google lanzó Chrome Web Store, desde la que pueden comprarse e instalarse aplicaciones basadas en web que se ejecutan dentro del navegador.

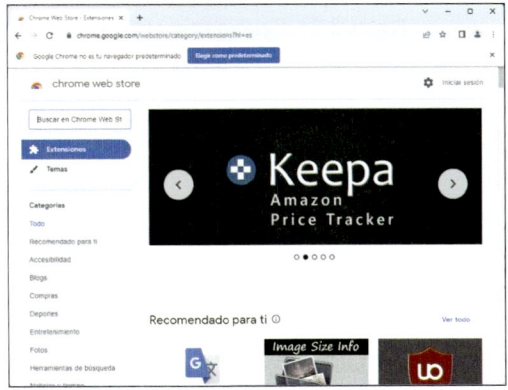

Figura 3.22. Chrome web store.

Instalación de Google Chrome en Windows

Para descargar e instalar Google Chrome en Windows nos vamos a servir de Microsoft Internet Explorer que viene por defecto en las versiones de Windows en las que funciona Google Chrome. Si tenemos Windows 10, deberemos utilizar Microsoft Edge, aunque los pasos serían los mismos:

1. En primer lugar, debemos dirigirnos a la web: http://www.google.es/chrome. Aquí nos aparecerá un botón para realizar la descarga de esta aplicación. Generalmente reconocerá nuestro sistema operativo, en caso contrario, debemos hacer clic en "Descargar Chrome para otra plataforma". Debemos marcar si queremos ayudar a mejorar Google Chrome enviando automáticamente a Google estadísticas de uso e informes de errores.

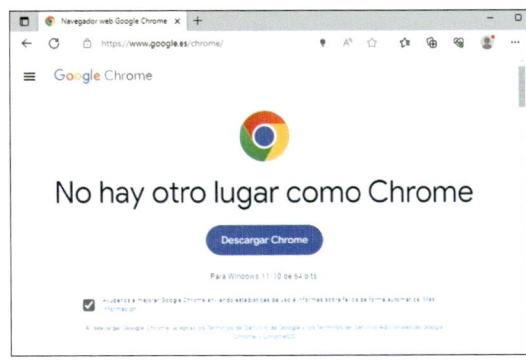

Figura 3.23. http://www.google.es/chrome.

2. Tenemos el fichero descargado.

ChromeSetup

Figura 3.24. Fichero descargado.

3. Hacemos doble clic y lanzamos la instalación, iniciará la descarga e instalación del programa.

Esperando para descargar...

chrome

Figura 3.25. Descarga e instalación de Google Chrome.

4. Ya tenemos Chrome instalado en nuestro sistema; se nos abrirá automáticamente la aplicación.

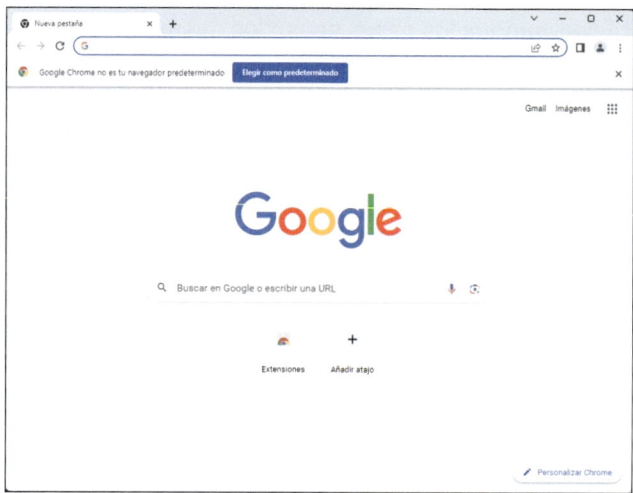

Figura 3.23. Descarga finalizada.

PRÁCTICA 3.3. *Descarga e instala Google Chrome para Windows. Haz capturas de todo el proceso seguido.*

Instalación de Google Chrome en Debian/Ubuntu Linux

La instalación en Debian/Ubuntu es similar a la de Windows. Estas versiones de Linux llevan incorporado (generalmente) el navegador Mozilla Firefox; nos vamos a servir de este navegador para descargar e instalar Google Chrome.

1. En primer lugar nos dirigimos a la web http://www.google.es/chrome.

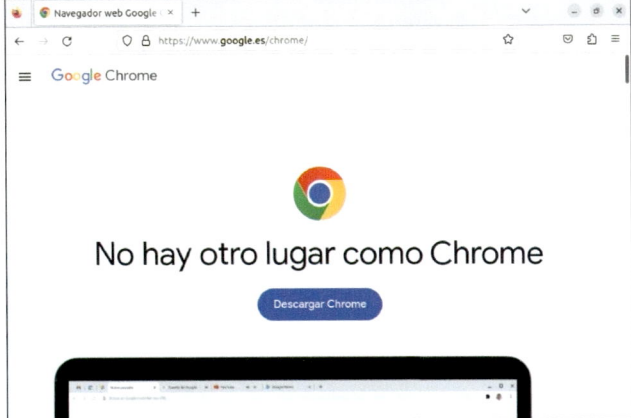

Figura 3.27. http://www.google.es/chrome.

2. Hacemos clic en descarga de Google Chrome y nos envía a otra pantalla donde debemos seleccionar nuestra distribución y arquitectura. En nuestro caso seleccionaremos Debian/Ubuntu (que es la arquitectura de nuestra distribución instalada). Al final de esta pantalla nos aparece el botón "Aceptar e instalar" para poder proceder a la descarga de esta aplicación:

Figura 3.28. Seleccionar distribución y condiciones de Servicio de Google Chrome.

3. Ya tenemos descargada la aplicación, vamos ahora a la carpeta Descargas (*Downloads*) y ahí nos debe aparecer el fichero descargado.

Figura 3.29. Condiciones de Servicio de Google Chrome.

4. Para instalar dicho fichero hacemos clic con el botón secundario del ratón y seleccionamos "Abrir con otra aplicación → Instalar *software*".

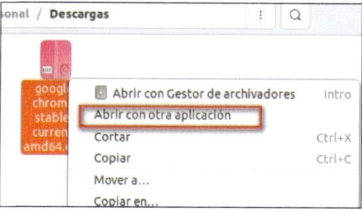

Figura 3.30. Botón secundario → Abrir con otra aplicación.

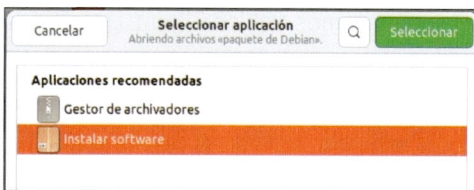

Figura 3.31. Instalar *software*.

5. Nos aparece una ventana con el nombre de la aplicación; en la parte derecha de la ventana nos aparece un botón "Instalar"; debemos hacer clic sobre ese botón para iniciar la instalación.

Figura 3.32. Centro de *software* de Ubuntu → Instalar.

6. Casi con toda seguridad nos pedirá la contraseña de administrador para poder continuar con la instalación. Introducimos dicha contraseña y continuamos.

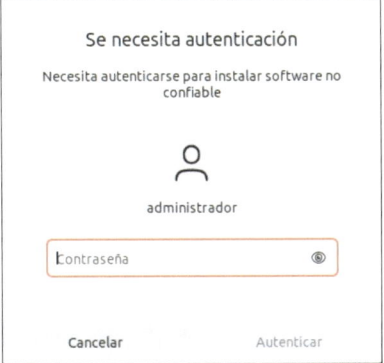

Figura 3.33. Autenticarse en el sistema.

7. Se está llevando a cabo la instalación.

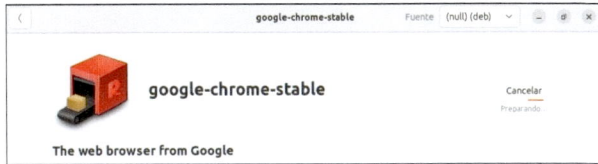

Figura 3.34. Instalación de Google Chrome en nuestro sistema.

8. Ya tenemos Google Chrome instalado en nuestro sistema. Para poder acceder debemos ir a Inicio → Internet y aquí tenemos Google Chrome (depende de la versión de Debian/Ubuntu que utilicemos puede variar la localización en el menú de inicio).

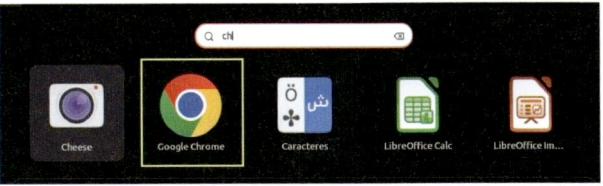

Figura 3.35. Google Chrome instalado.

PRÁCTICA 3.4. *Descarga e instala Google Chrome para Linux. Haz capturas de todo el proceso seguido.*

3.2.2. Mozilla Firefox

Mozilla Firefox es un navegador web libre y de código abierto desarrollado para Microsoft Windows, Mac OS X y GNU/Linux coordinado por la Corporación Mozilla y la Fundación Mozilla. Usa el motor Gecko para renderizar páginas web, el cual implementa actuales y futuros estándares web.

Firefox

Aplicación

Figura 3.36. Mozilla Firefox.

Las características principales de Firefox son:

- Navega más rápido: Firefox usa menos memoria que Chrome, para que el resto de programas puedan seguir funcionando a máxima velocidad.

- Extensiones: permite añadir funciones potentes, útiles e incluso un poco de diversión al navegador Firefox.

- Memoria equilibrada: Firefox usa la cantidad de memoria justa para crear una experiencia fluida y que el ordenador siga respondiendo para realizar otras tareas.

- Bloqueo de rastreadores de publicidad: Firefox bloquea automáticamente más de 2000 rastreadores de anuncios.

- Traducir la web: traduce desde más de 100 idiomas en el navegador Firefox, más fácil que nunca.

Instalación de Mozilla Firefox en Windows

Para descargar e instalar Mozilla Firefox en Windows nos vamos a servir de Microsoft Internet Explorer que viene por defecto en las versiones de Windows en las que funciona Mozilla Firefox. Si tenemos Windows 10 deberemos utilizar Microsoft Edge, aunque los pasos a realizar serían los mismos.

1. En primer lugar, debemos dirigirnos a la web https://www.mozilla.org/es-ES/firefox/new/. Aquí nos aparecerá una imagen para realizar la descarga de esta aplicación.

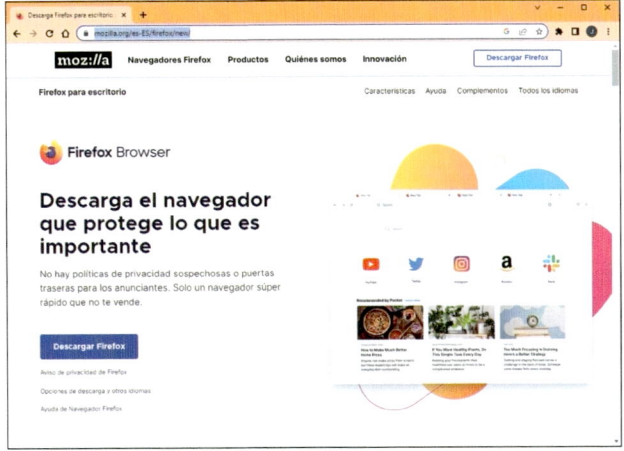

Figura 3.37. https://www.mozilla.org/es-ES/.

2. Una vez hacemos clic en dicha imagen, se nos descargará el fichero en nuestro ordenador. Para instalarlo debemos hacer doble clic sobre él, hay que tener en cuenta que en algunas versiones de Windows habrá que hacer clic con el botón secundario de ratón y seleccionar "Ejecutar como administrador".

Firefox
Installer.exe

Figura 3.38. Fichero descargado.

3. Hacemos doble clic sobre el instalador y nos aparece la pantalla de instalación:

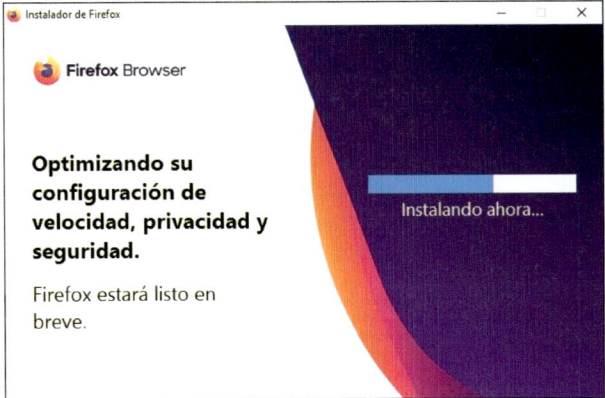

Figura 3.39. Instalación de Mozilla Firefox.

4. Ya tenemos instalado Firefox en nuestro equipo.

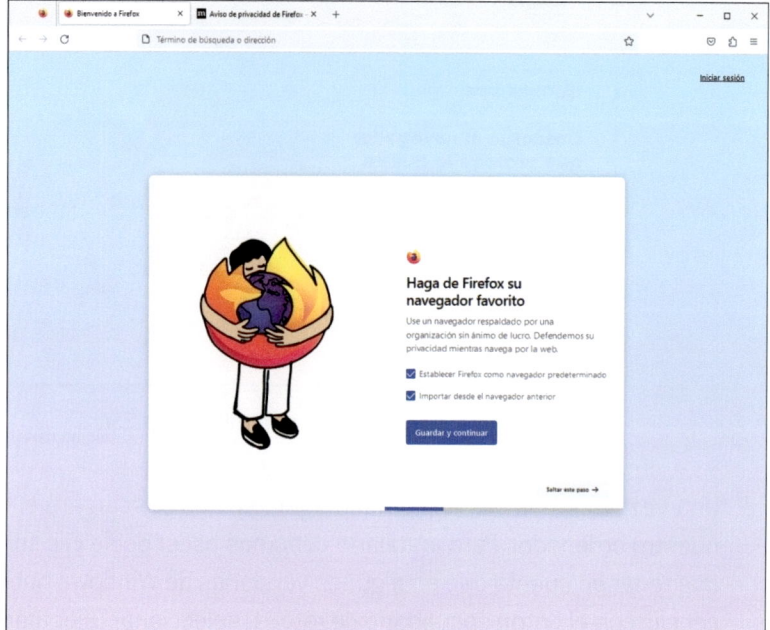

Figura 3.40. Mozilla Firefox.

PRÁCTICA 3.5. *Descarga e instala Mozilla Firefox para Windows. Haz capturas de todo el proceso seguido.*

Instalación de Mozilla Firefox en Debian/Ubuntu Linux

En primer lugar, hay que indicar que Firefox viene integrado en la mayoría de las distribuciones de Debian/Ubuntu Linux, por tanto, no habrá que realizar proceso de instalación, podemos utilizarlo directamente.

En caso de que nuestra distribución no tenga instalado Mozilla Firefox, usaremos el siguiente comando desde la terminal:

```
sudo apt install firefox
```

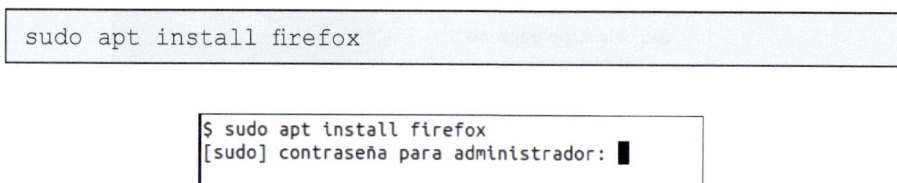

Figura 3.41. sudo apt install firefox.

```
$ sudo apt install firefox
[sudo] contraseña para administrador:
Leyendo lista de paquetes... Hecho
Creando árbol de dependencias... Hecho
Leyendo la información de estado... Hecho
El paquete indicado a continuación se instaló de forma automática y ya no es nec
esario.
  libreoffice-ogltrans
Utilice «sudo apt autoremove» para eliminarlo.
Se instalarán los siguientes paquetes NUEVOS:
  firefox
0 actualizados, 1 nuevos se instalarán, 0 para eliminar y 177 no actualizados.
Se necesita descargar 72,3 kB de archivos.
Se utilizarán 261 kB de espacio de disco adicional después de esta operación.
Des:1 http://es.archive.ubuntu.com/ubuntu jammy/main amd64 firefox amd64 1:1snap
1-0ubuntu2 [72,3 kB]
Descargados 72,3 kB en 0s (291 kB/s)
Preconfigurando paquetes ...
Seleccionando el paquete firefox previamente no seleccionado.
(Leyendo la base de datos ... 203558 ficheros o directorios instalados actualmen
te.)
Preparando para desempaquetar .../firefox_1%3a1snap1-0ubuntu2_amd64.deb ...
=> Installing the firefox snap
==> Checking connectivity with the snap store
```

Figura 3.42. Instalación de Firefox.

Figura 3.43. Navegador web Firefox.

PRÁCTICA 3.6. *En caso de no tener instalado Mozilla Firefox en tu distribución pro-cede a la instalación en tu equipo. Haz capturas de todo el proceso seguido.*

3.2.3. Microsoft Edge

Microsoft Edge es un navegador web desarrollado por Microsoft, basado en Chromium de Google. Fue lanzado por primera vez para Windows 10 y Xbox One en julio de 2015, para Android e iOS en octubre de 2017, para macOS en mayo de 2019, en Windows 7, 8 y 8.1 en enero de 2020 y para GNU/Linux en octubre de 2020.

Originalmente fue construido con los propios motores EdgeHTML y Chakra de Microsoft. El 2 de octubre de 2018 Edge cambió su motor de renderizado propie-tario EdgeHTML por el motor de renderizado de Google Chromium, utilizando los motores Blink y V8. Microsoft lanzó la primera versión de Edge estable basada en Chromium el 15 de enero de 2020.

Microsoft Edge

Figura 3.44. Microsoft Edge.

Instalación de Microsoft Edge en Windows

Como se ha indicado anteriormente, podemos instalar Edge en versiones de Windows anteriores a Windows 10 (a partir de Windows 10 Edge viene integrado con el sistema operativo).

1. Nos dirigimos a la página de descarga de Edge (https://www.microsoft.com/en-us/edge/server/download?form=MA13FJ).

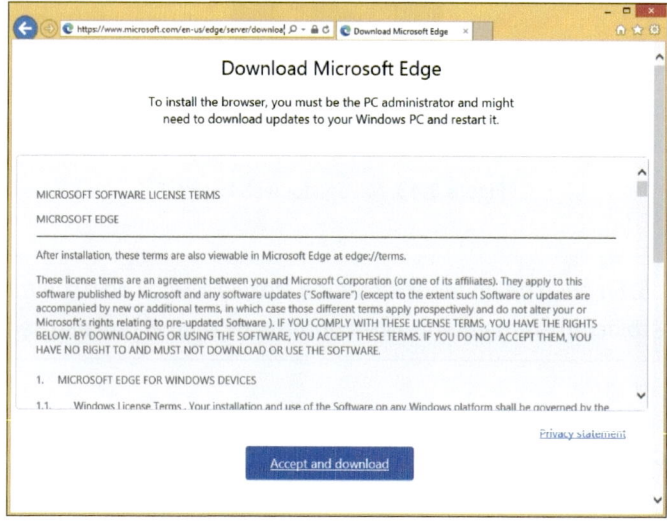

Figura 3.45. Página de descarga de Microsoft Edge.

2. Hacemos clic en *"Accept and download"* y pulsamos sobre Ejecutar.

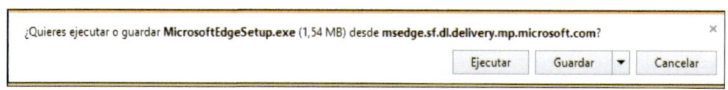

Figura 3.46. Ejecutar.

3. Nos preguntará si queremos hacer cambios en el equipo, debemos decir que Sí.

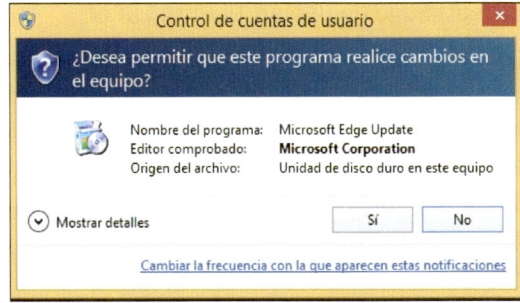

Figura 3.47. ¿Desea permitir que este programa realice cambios?

4. Comienza la descarga e instalación de Edge, y ya no debemos hacer nada más. Una vez finalizado este proceso tendremos Edge en nuestro equipo instalado.

Figura 3.48. Descarga e instalación de Edge.

Figura 3.49. Microsoft Edge.

PRÁCTICA 3.7. *Descarga e instala Microsoft Edge para Windows. Haz capturas de todo el proceso seguido.*

Instalación de Microsoft Edge en Debian/Ubuntu Linux

Para instalar Microsoft Edge en Debian/Ubuntu debemos seguir los siguientes pasos:

1. Nos dirigimos a la página de descarga de Edge (https://www.microsoft.com/es-es/edge/download?form=MA13FJ).

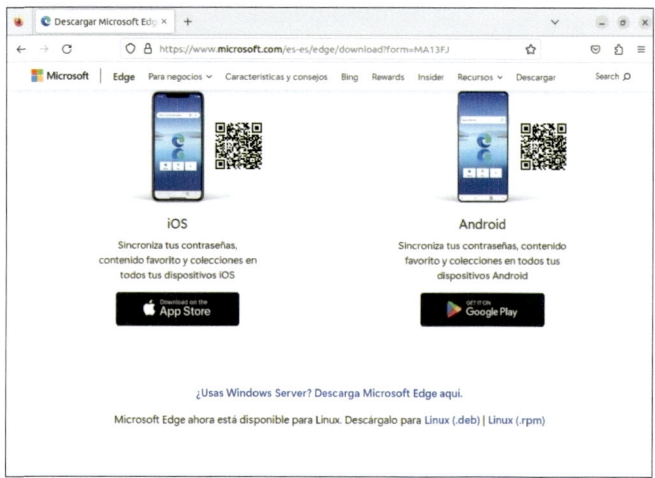

Figura 3.50. Página de descarga de Edge.

2. Debemos seleccionar "Descargarlo para Linux (.deb)".

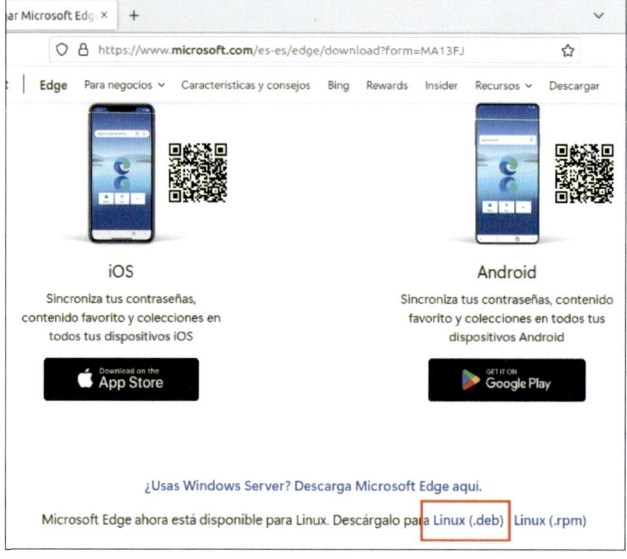

Figura 3.51. Descarga para Linux (.deb).

3. Debemos aceptar los términos de licencia del *software.*

Figura 3.52. Aceptar y descargar Edge.

4. Comenzará la descarga de Edge para Linux (Debian / Ubuntu).

Figura 3.53. Descarga de Edge.

5. Nos descargará el fichero de instalación (.deb):

microsoft-
edge-
stable_1...

Figura 3.54. Fichero de instalación (.deb).

6. Para instalar dicho fichero hacemos clic con el botón secundario del ratón y seleccionamos "Abrir con otra aplicación → Instalar *software*".

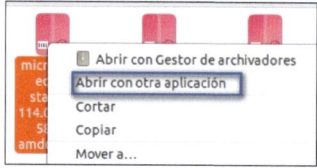

Figura 3.55. Botón secundario → Abrir con otra aplicación.

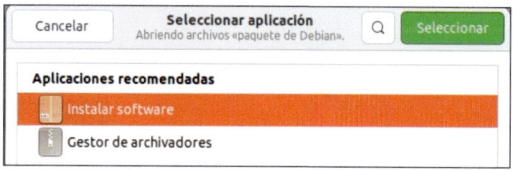

Figura 3.56. Instalar *software*.

7. Nos aparece una ventana con el nombre de la aplicación; en la parte derecha de la ventana nos aparece un botón "Instalar"; debemos hacer clic sobre ese botón para iniciar la instalación.

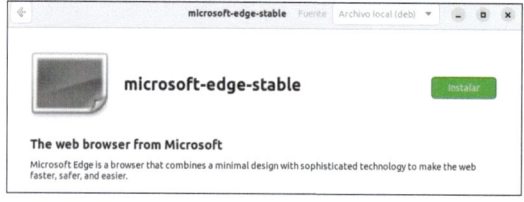

Figura 3.57. Centro de *software* de Ubuntu → Instalar.

8. Casi con toda seguridad nos pedirá la contraseña de administrador para poder continuar con la instalación. Introducimos dicha contraseña y continuamos.

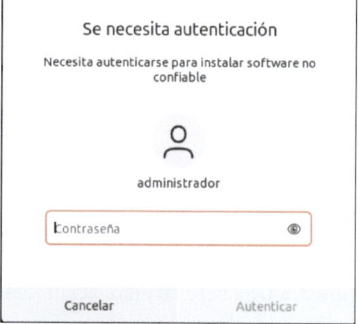

Figura 3.58. Autenticarse en el sistema.

Figura 3.59. Microsoft Edge instalado.

9. Ya tenemos Edge en nuestro sistema. Para poder acceder debemos ir a Inicio y aquí tenemos Edge (depende de la versión de Debian/Ubuntu que utilicemos puede variar la localización en el menú Inicio).

Figura 3.60. Edge instalado.

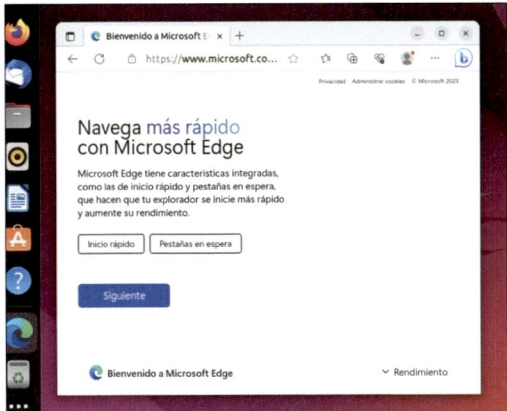

Figura 3.61. Edge en funcionamiento.

PRÁCTICA 3.8. *Descarga e instala Microsoft Edge para Linux. Haz capturas de todo el proceso seguido.*

3.2.4. Opera

Opera es un navegador web creado por la empresa noruega Opera *Software*, siendo propiedad de Golden Brick Capital. Tiene versiones para escritorio, teléfonos móviles y otros dispositivos. Usa el motor de renderizado Blink.

Navegador Opera
Aplicación

Figura 3.62. Navegador Opera.

Opera ha sido pionero en originar muchas características que hoy en día se pueden ver en el resto de los navegadores web como, por ejemplo, el marcado rápido (*Speed Dial*).

Instalación de Opera en Windows

Para descargar e instalar Opera en Windows nos vamos a servir de Microsoft Internet Explorer que viene por defecto en las versiones de Windows en las que funciona. Si tenemos Windows 10 deberemos utilizar Microsoft Edge, aunque los pasos a realizar serían los mismos.

1. En primer lugar, debemos dirigirnos a la web http://www.opera.com/es. Aquí nos aparecerá la pantalla de presentación con una imagen para poder descargar Opera.

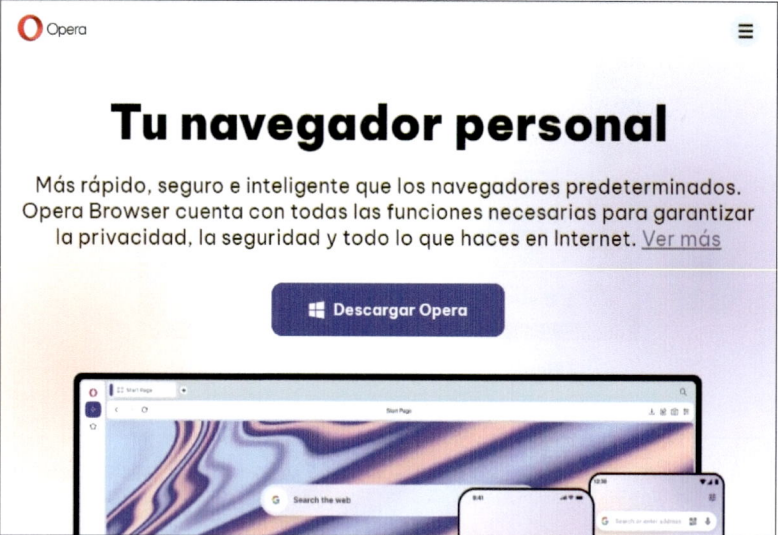

Figura 3.63. http://www.opera.com/es.

2. Hacemos clic en dicha imagen, y se nos descargará el fichero en nuestro ordenador. Para instalarlo debemos hacer doble clic sobre él; hay que tener en cuenta que en algunas versiones de Windows habrá que hacer

clic con el botón secundario de ratón y seleccionar "Ejecutar como administrador".

OperaSetup.exe

Figura 3.64. Fichero descargado.

3. Una vez lanzada la instalación, nos aparece la pantalla bienvenida, donde podemos directamente instalar haciendo clic en dicho botón, cancelar la instalación o personalizarla.

Figura 3.65. Instalador de Opera.

4. Si hacemos clic en Opciones podemos personalizar la instalación.

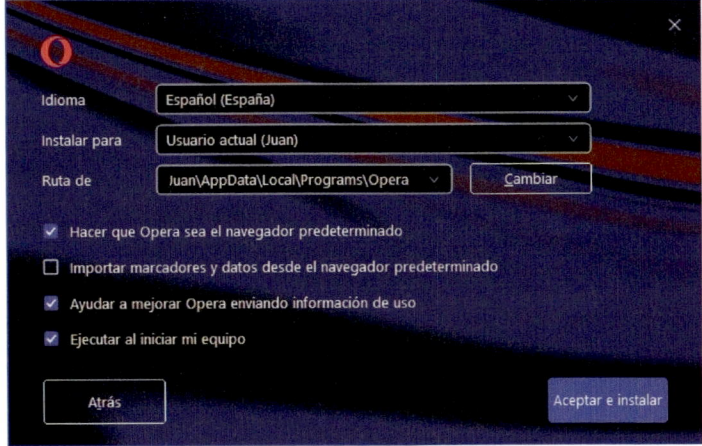

Figura 3.66. Opciones de instalación de Opera.

5. Tras esto podemos hacer clic en Aceptar e Instalar (si no personalizamos nada); tras ello se nos presenta una pantalla para permitir el envío de estadísticas.

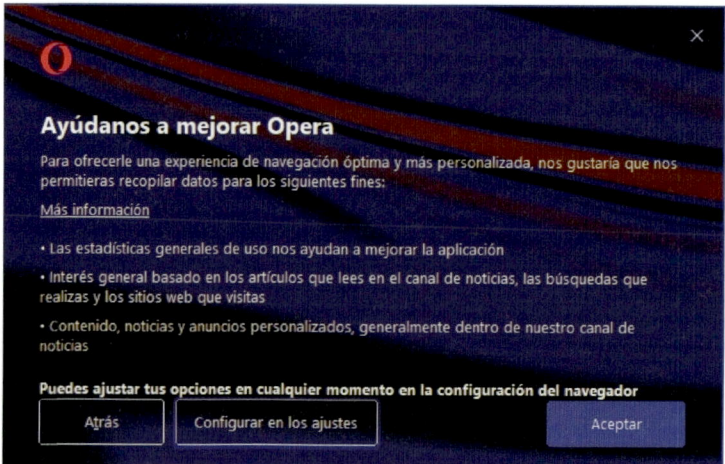

Figura 3.67. Ayuda a mejorar Opera.

6. Si aceptamos, se descargará e instalará Opera en nuestro sistema.

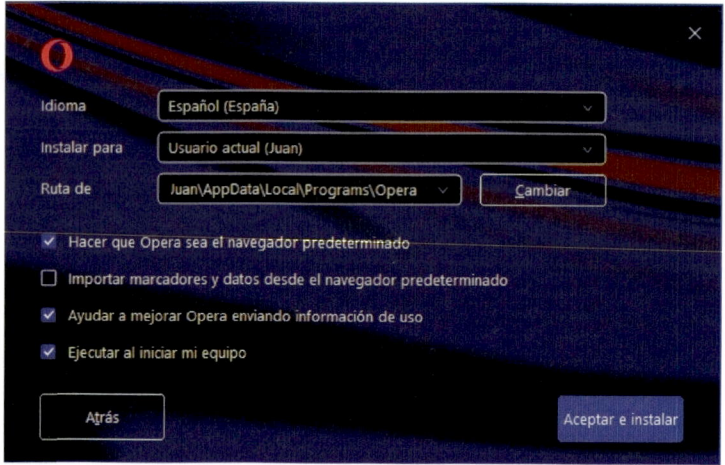

Figura 3.68. Instalación de Opera.

PRÁCTICA 3.9. *Descarga e instala Opera para Windows. Haz capturas de todo el proceso seguido.*

Instalación de Opera en Debian/Ubuntu Linux

La instalación en Debian/Ubuntu es similar a la de Windows. Estas versiones de Linux llevan incorporado (generalmente) el navegador Mozilla Firefox, del que nos vamos a servir para descargar e instalar Opera.

1. En primer lugar, nos dirigimos a la web http://www.opera.com/es. Aquí nos aparecerá la pantalla de presentación con una imagen para poder descargar Opera.

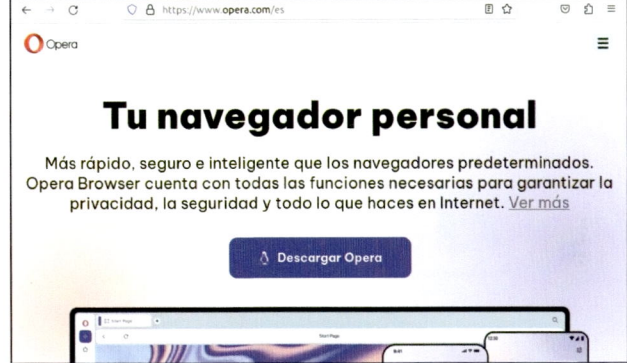

Figura 3.69. http://www.opera.com/es.

2. Si pulsamos sobre Descargar Opera, nos descargará el fichero para nuestra distribución.

Figura 3.70. Guardar fichero.

3. Para instalar dicho fichero hacemos clic con el botón secundario del ratón y seleccionamos "Abrir con otra aplicación → Instalar *software*".

Figura 3.71. Botón secundario → Abrir con otra aplicación.

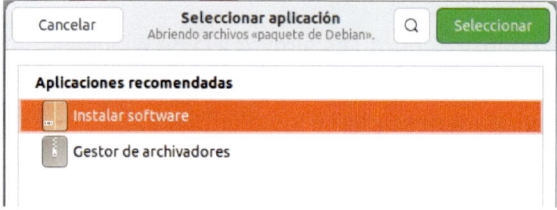

Figura 3.72. Instalar *software*.

4. Nos aparece una ventana con el nombre de la aplicación; en la parte derecha de la ventana nos aparece un botón "Instalar"; debemos hacer clic sobre ese botón para iniciar la instalación.

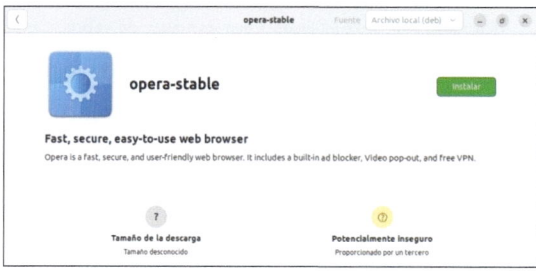

Figura 3.73. Abrir con Centro de *software* de Ubuntu → Instalar.

5. Casi con toda seguridad nos pedirá la contraseña de administrador para poder continuar con la instalación. Introducimos dicha contraseña y continuamos.

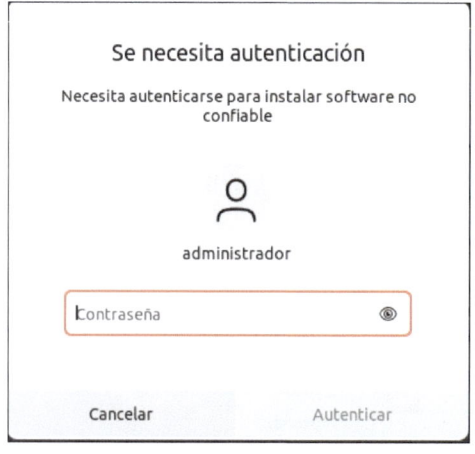

Figura 3.74. Autenticarse en el sistema.

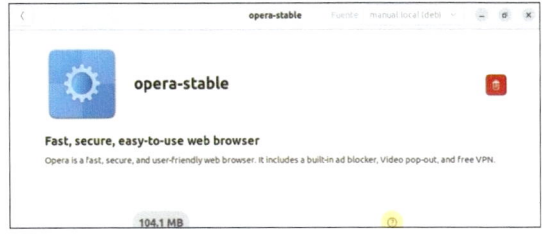

Figura 3.75. Opera instalado en el sistema.

6. Ya tenemos Opera en nuestro sistema. Para poder acceder debemos ir a Inicio y aquí tenemos Opera (depende de la versión de Debian/Ubuntu que utilicemos puede variar la localización en el menú Inicio).

Figura 3.76. Opera instalado.

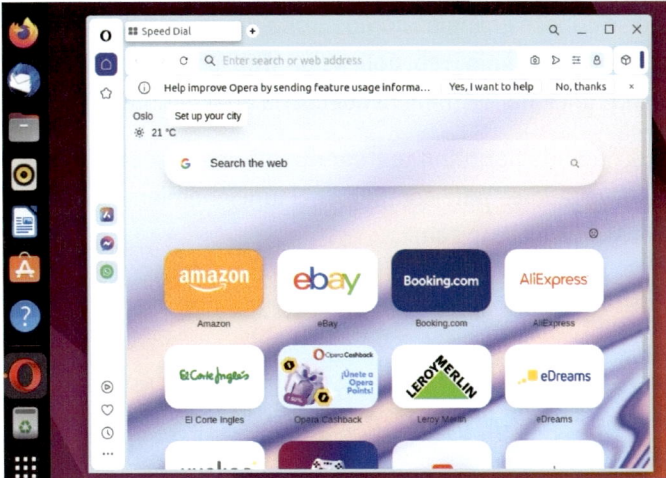

Figura 3.77. Opera en funcionamiento.

PRÁCTICA 3.10. *Descarga e instala Opera para Linux. Haz capturas de todo el proceso seguido.*

3.2.5. Safari

Safari es un navegador web de código cerrado desarrollado por Apple Inc. Está disponible para OS X, iOS (el sistema usado por el iPhone, el iPod Touch e iPad) y Windows (sin soporte desde el 2012).

Figura 3.78. Navegador Safari.

Incluye navegación por pestañas, corrector ortográfico, búsqueda progresiva, vista del historial en *CoverFlow,* administrador de descargas y un sistema de búsqueda integrado.

Está escrito sobre el *framework* WebKit, que incluye WebCore, el motor de renderizado, y JavaScriptCore, el intérprete de JavaScript. Por su parte, WebKit (el motor de renderizado del navegador) está basado en el motor KHTML, creado por el proyecto KDE para su navegador Konqueror.

3.3. Diferencias de visualización

Este término se conoce en inglés como "Cross-Browser". Cross-Browser se refiere a la capacidad de un sitio web, aplicación web, código HTML o *script* del lado del cliente para funcionar de manera adecuada en diferentes navegadores.

Existen webs que nos permiten testear nuestra página en distintos sistemas operativos y navegadores para comprobar el funcionamiento de esta. Un ejemplo es: https://www.browserling.com.

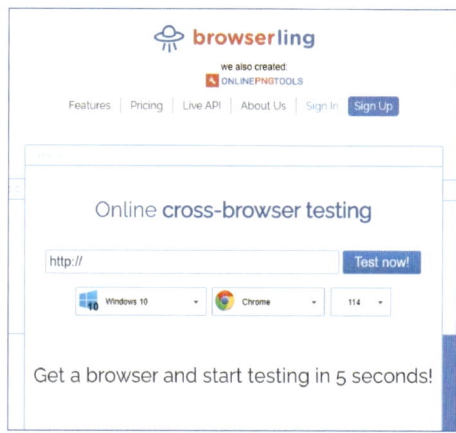

Figura 3.79. https://www.browserling.com.

Autoevaluación

1. Ejemplo/s de navegador/es en modo texto:
   a. Mozilla Firefox.
   b. Google Chrome.
   c. Opera.
   d. Internet Explorer.
   e. Edge.
   f. Todas las respuestas son correctas.
   g. Todas las respuestas son falsas.

2. Ejemplo/s de navegador/es en modo gráfico:
   a. Mozilla Firefox.
   b. Google Chrome.
   c. Opera.
   d. Internet Explorer.
   e. Edge.
   f. Todas las respuestas son correctas.
   g. Todas las respuestas son falsas.

3. El navegador más utilizado en la actualidad es:
   a. Mozilla Firefox.
   b. Google Chrome.
   c. Opera.
   d. Internet Explorer.
   e. Edge.
   f. Todas las respuestas son correctas.
   g. Todas las respuestas son falsas.

4. El navegador que aparece con Windows 10 es:
   a. Mozilla Firefox.
   b. Google Chrome.

c. Opera.

d. Internet Explorer.

e. Edge.

f. Todas las respuestas son correctas.

g. Todas las respuestas son falsas.

5. El navegador que no puede instalarse en Windows es:

a. Mozilla Firefox.

b. Google Chrome.

c. Opera.

d. Internet Explorer.

e. Edge.

f. Todas las respuestas son correctas.

g. Todas las respuestas son falsas.

4. Marcas para dar formato al documento

Contenidos

4.1. Marcas de inicio y final

Las etiquetas HTML se escriben encerradas entre los símbolos "<" y ">". Normalmente se utilizan dos etiquetas: una de inicio y otra de fin para indicar que ha terminado la etiqueta. La única diferencia entre ambas es que la de cierre lleva una barra inclinada "/" antes del nombre de la etiqueta.

Este hecho lo hemos visto en el Capítulo 2, con las etiquetas <html> y </html>, o con <body> y </body>, entre otras.

4.2. Marcas de cabeceras

Para definir distintos tamaños de letra, en HTML se utiliza el elemento <hx> </hx> donde x es un número que puede variar entre 1 y 6, siendo 1 el tamaño mayor. Podemos probar esto con el siguiente ejemplo:

```html
<!DOCTYPE html>
<html lang="es">
<head>
    <meta charset="UTF-8">
    <title>Página Web </title>
</head>
<body>
    <h1>Encabezado h1</h1>
    <h2>Encabezado h2</h2>
    <h3>Encabezado h3</h3>
    <h4>Encabezado h4</h4>
    <h5>Encabezado h5</h5>
    <h6>Encabezado h6</h6>
</body>
</html>
```

Figura 4.1. Encabezados o cabeceras.

Lo normal es utilizar las cabeceras de forma consecutiva y descendente, es decir, comenzaremos el documento con la cabecera <h1> que definirá el título. Para los apartados principales utilizaremos la cabecera <h2>, para subapartados <h3>, etc., utilizándolas así de forma consecutiva.

Sin embargo, podremos utilizar cualquier cabecera en el punto que queramos del documento para resaltar cualquier texto.

El modo en que se presentan las cabeceras puede variar de un navegador a otro, y solo se puede asegurar que se mostrará de distinta forma en orden de importancia. Lo normal es que la <h1> sea negrita y muy grande, <h2> negrita y grande, <h3> itálica y grande, y así sucesivamente.

PRÁCTICA 4.1. *Crea una página web similar a la del ejemplo, solo que en este caso las cabeceras irán en orden descendente, es decir, desde <h6> hasta <h1>.*

4.3. Párrafo

Las etiquetas <p> y </p> definen un párrafo de texto. Los navegadores automáticamente añaden un margen antes y después de cada elemento <p>. Dichos márgenes pueden ser modificados mediante el uso de CSS.

```
<!DOCTYPE html>
<html lang="es">
<head>
    <meta charset="UTF-8">
        <title>Página Web </title>
</head>


<body>
    <p>Un párrafo normal para comparar con los
    encabezados</p>
    <h1>Encabezado h1</h1>
    <h2>Encabezado h2</h2>
</body>
</html>
```

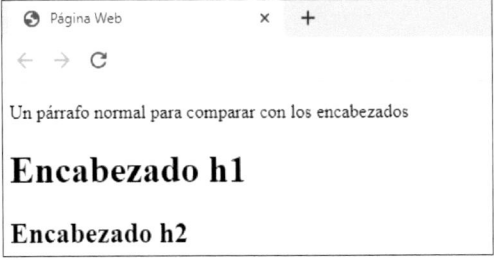

Figura 4.2. Párrafo y encabezados.

PRÁCTICA 4.2. *Sobre el ejercicio de la práctica 4.1, crea una página web que inserte un párrafo entre cada encabezado, es decir, un párrafo entre <h6> y <h5> otro entre <h5> y <h4> y así sucesivamente.*

4.4. Comentarios

Mediante esta etiqueta "<!--" terminada con "-->" se inserta un comentario en nuestro documento; este comentario no será mostrado durante la ejecución del documento por parte del cliente, será ignorado por el navegador. Este elemento no es un objeto.

Los comentarios tendrán la siguiente estructura por línea o varias líneas:

```
<!--  Inicio del comentario

Texto del comentario

Cierre del comentario -->
```

Entre la secuencia de inicio y el comentario, y el comentario y la secuencia final, los espacios no serán aceptados; en contraposición, sí serán aceptados dentro del comentario.

Tampoco se admitirá que el comentario comience con las cadenas ">" o "->", contenga la cadena "--" o finalice con la cadena "-".

```
<!DOCTYPE html>

<html lang="es">

<head>

      <title>Página Web </title>

</head>


<body>

      <!-- Comentario de ejemplo

      que ocupa dos líneas-->

      <p> El párrafo si se verá en pantalla </p>

</body>

</html>
```

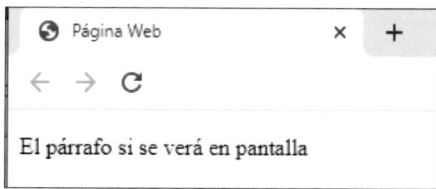

Figura 4.3. Comentario y párrafo.

PRÁCTICA 4.3. *Sobre el ejercicio de la práctica 4.2, crea una página web que inserte al menos 3 comentarios en diferentes zonas del código.*

4.5. Marcas de aspecto

4.5.1. Aplicar estilo a las etiquetas

En el Capítulo 2 hemos visto cómo agregar hojas de estilo a nuestros documentos HTML, en este capítulo vamos a ver cómo aplicar dichos estilos a nuestros documentos.

Para ello, y siguiendo las recomendaciones del estándar HTML5, nos vamos a servir de una hoja de estilos externa (.css).

Para aplicar estilo a una etiqueta podemos hacerlo de 3 formas:

Aplicar estilo a una etiqueta completa

Si hacemos esto y modificamos el estilo sobre una etiqueta, siempre que aparezca esa etiqueta tendrá ese estilo asociado. En el siguiente ejemplo modificamos la etiqueta <p> desde CSS para que el color sea rojo.

fichero.html	style.css

``
<!DOCTYPE html>
<html lang="es">
<head>
    <meta charset="UTF-8">
    <title>Página Web</title>
    <link rel="stylesheet"
href="style.css">
</head>
<body>
    <p> Primer párrafo </p>
    <p> Segundo párrafo </p>
</body>
</html>
``
	``
	p {
	    color:red;
	}
	``

El resultado es:

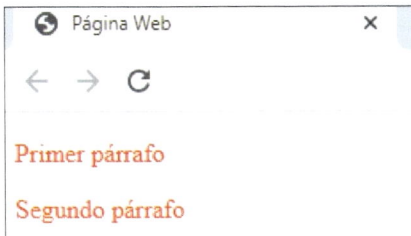

Figura 4.4. Aplicar estilo a una etiqueta.

Como puede observarse, el cambio de color afecta a todos los párrafos.

Aplicar estilo a una clase

En este caso cualquier etiqueta que tenga asociada esa clase se verá afectada por el estilo. En el siguiente ejemplo vamos a definir una clase rojo (en CSS se definen poniendo un punto "." delante de la clase) y vamos a asociar ese estilo a un párrafo sí (mediante el atributo **class**) y al otro no.

fichero.html	style.css
| ```html
<!DOCTYPE html>
<html lang="es">
<head>
    <meta charset="UTF-8">
    <title>Página Web</title>
    <link rel="stylesheet" href="style.css">
</head>
<body>
    <p class="rojo"> Primer párrafo </p>
    <p> Segundo párrafo </p>
</body>
</html>
``` | ```css
.rojo {
    color:red;
}
``` |

El resultado es:

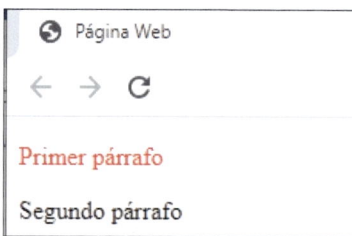

Figura 4.5. Aplicar estilo a una clase.

Aplicar estilo a una zona determinada

En este caso entran en juego etiquetas como <div> y <span>.

- **div:** la etiqueta <div> nos permite crear bloques para unir o separar elementos HTML sin una categoría específica. Permitirá agrupar varios elementos en bloque: encabezados, listas, párrafos, tablas, etc.

fichero.html	style.css
| ```html
<!DOCTYPE html>
<html lang="es">
<head>
    <meta charset="UTF-8">
    <title>Página Web</title>
    <link rel="stylesheet" href="style.css">
</head>
<body>
<div class="rojo">
    <p>Ejemplo de cómo funcionaría; la
    etiqueta div para divisiones. </p>
    <p>Puedes insertar el contenido que
    necesites. </p>
    <p>Esta sería la última línea de nuestro
texto. </p>
    </div>
</body>
</html>
``` | ```css
.rojo {
    color:red;
}
``` |

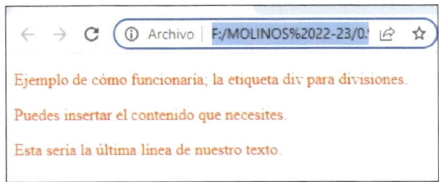

Figura 4.6. Zona <div>.

- **span:** esta etiqueta se utiliza para elementos en línea, no en bloque. Se utiliza para establecer "secciones" dentro de una etiqueta.

fichero.html	style.css
| ```html
<!DOCTYPE html>
<html lang="es">
<head>
    <meta charset="UTF-8">
    <title>Página Web</title>
    <link rel="stylesheet" href="style.css">
</head>
<body>
    <p>Contenido <span class="rojo"> del
bloque</span> con elementos en línea</p>
 </body>
</html>
``` | ```css
.rojo {
    color:red;
}
``` |

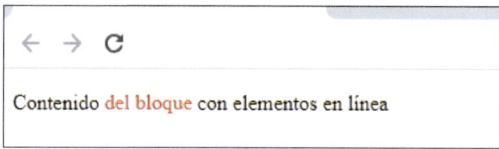

Contenido del bloque con elementos en línea

Figura 4.7. Zona <span>.

4.5.2. Formato de texto y presentación

En este apartado ofrecemos la información básica para poder manipular y modificar el aspecto final del texto, tanto en cuanto a la presentación de las fuentes como a la disposición de los párrafos, líneas, etc., en la página. También se ofrecen distintas posibilidades de "ornamentación" para que se pueda disponer de diversas alternativas en el momento de diseñar la presentación final del documento.

Texto con énfasis: <em> </em>

El elemento <em> es el apropiado para marcar con énfasis las partes importantes de un texto. Puede ser anidado, con cada nivel de anidamiento indicando un mayor grado de énfasis.

```
<!DOCTYPE html>
<html lang="es">
<head>
    <meta charset="UTF-8">
    <title>Página Web</title>
    <link rel="stylesheet" href="style.css">
</head>
<body>
<p>Get out of bed <em>now</em>!</p>
<p>We <em>had</em> to do something about it.</p>
<p>This is <em>not</em> a drill!</p>
</body>
</html>
```

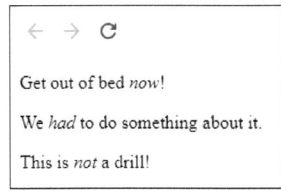

Figura 4.8. Uso de la etiqueta <em>.

Texto con gran énfasis: <strong> </strong>

El elemento <strong> proporciona importancia, seriedad o urgencia al texto que contiene. Nos sirve para distinguir una parte importante de un párrafo.

```
<!DOCTYPE html>
<html lang="es">
<head>
    <meta charset="UTF-8">
    <title>Página Web</title>
    <link rel="stylesheet" href="style.css">
</head>
<body>
<p>Ideas acerca del <strong>tiempo</strong> y
del <strong>espacio</strong> son exploradas
en los cambios que las <strong>constelaciones
sufren a través del tiempo</strong>.</p>
</body>
</html>
```

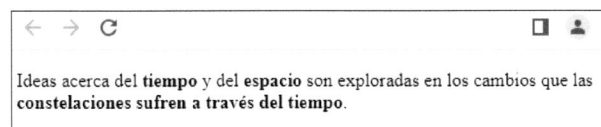

Figura 4.8. Uso de la etiqueta <em>.

Texto con marcado <mark> </mark>

El elemento <mark> es una etiqueta de formato de texto que se utiliza para resaltar un fragmento de texto dentro de un párrafo o una sección de una página web. El texto se mostrará en un fondo amarillo predeterminado en la mayoría de los navegadores web.

```
<!DOCTYPE html>
<html lang="es">
<head>
    <meta charset="UTF-8">
    <title>Página Web</title>
    <link rel="stylesheet" href="style.css">
</head>
<body>
<p>Ideas acerca del <mark>tiempo</mark> y del
<mark>espacio</mark> son exploradas en los cambios que las
<mark>constelaciones sufren a través del tiempo</mark>.</p>
</body>
</html>
```

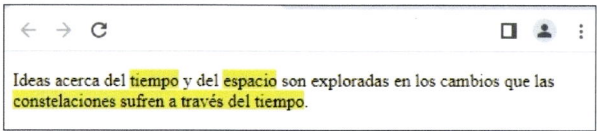

Figura 4.10. Etiqueta <mark>.

PRÁCTICA 4.4. *Crea una página web en la que aparezcan las tres etiquetas <strong> <em> y <mark> tanto de forma individual como combinada unas con otras.*

Texto en negrita

Hasta la versión 4 de HTML, se ha utilizado el elemento <b> y</b> donde el texto entre medias aparecería en negrita.

De acuerdo con la especificación de HTML5, la etiqueta <b> debe ser usada como último recurso cuando no haya otra etiqueta más apropiada.

Siguiendo el estándar de HTML5 definiremos una clase CSS llamada negrita, donde definiremos la propiedad **font-weight** como **bold** (negrita). En este caso el texto en negrita será aplicado a una zona <span>.

fichero.html	style.css
``<!DOCTYPE html>
<html lang="es">
<head>
<meta charset="UTF-8">
<title>Página Web</title>
<link rel="stylesheet" href="style.
css">
</head>
<body>
<p>Contenido <span class="negrita">
del bloque</span> con elementos en
línea</p>
</body>
</html>```	```.negrita {
font-weight: bold;
}```

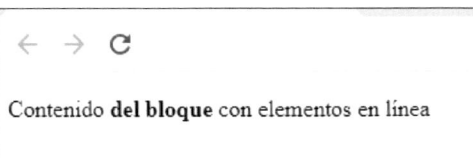

Figura 4.11. Texto en negrita.

NOTA: En este caso también podríamos utilizar el elemento <strong> y</strong> con un resultado similar y ahorrándonos el fichero CSS.

```
<!DOCTYPE html>
<html lang="es">
<head>
    <meta charset="UTF-8">
    <title>Página Web</title>
</head>
<body>
    <p>Contenido <strong> del bloque</
strong> con elementos en línea</p>
 </body>
</html>
```

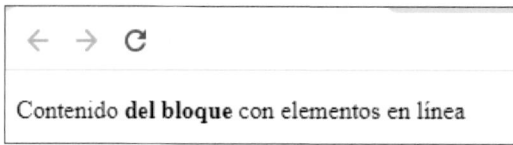

Contenido **del bloque** con elementos en línea

Figura 4.12. Texto en negrita.

Texto en cursiva (o itálica)

Hasta la versión 4 de HTML, se ha utilizado el elemento <i> e </i> para poner el texto en cursiva.

Siguiendo el estándar de HTML5 definiremos una clase CSS llamada cursiva, donde definiremos la propiedad **font-style** como *italic* (itálica o cursiva). En este caso el texto en cursiva será aplicado a una zona <span>.

fichero.html	style.css
| ```html
<!DOCTYPE html>
<html lang="es">
<head>
  <meta charset="UTF-8">
  <title>Página Web</title>
  <link rel="stylesheet" href="style.css">
</head>
<body>
  <p>Contenido <span class="cursiva">
  del bloque</span> con elementos en
  línea</p>
 </body>
</html>
``` | ```css
.cursiva {
  font-style: italic;
}
``` |

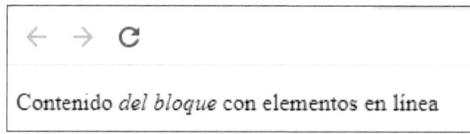

Contenido *del bloque* con elementos en línea

Figura 4.13. Texto en cursiva.

NOTA: De igual forma, podemos utilizar el elemento <em> y </em> con un resultado similar.

```
<!DOCTYPE html>
<html lang="es">
<head>
    <meta charset="UTF-8">
    <title>Página Web</title>
</head>
<body>
    <p>Contenido <em> del bloque</em> con elementos en línea</p>
 </body>
</html>
```

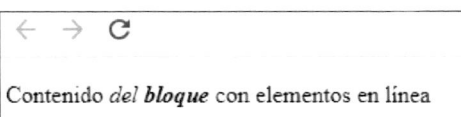

Contenido *del bloque* con elementos en línea

Figura 4.14. Texto en cursiva.

NOTA2: Es posible mezclar ambas etiquetas, teniendo en cuenta que hay que cerrar primero la última que se abrió (orden inverso al de apertura).

```
<!DOCTYPE html>
<html lang="es">
<head>
    <meta charset="UTF-8">
    <title>Página Web</title>
</head>
<body>
    <p>Contenido <em> del <strong>bloque</strong></em> con
elementos en línea</p>
 </body>
</html>
```

Contenido *del **bloque*** con elementos en línea

Figura 4.15. Mezcla de etiquetas <em> y <strong>.

Crea una página web en la que aparezcan bloques de texto en ne-
grita y cursiva tanto de forma individual como combinados unos con otros.

Texto de citas: <cite> </cite>

Para títulos de trabajos creativos: libros, películas, cuadros, etc., generalmente
será mostrada por los navegadores en cursiva.

```
<!DOCTYPE html>
<html lang="es">
<head>
    <meta charset="UTF-8">
    <title>Página Web</title>
</head>
<body>
    <p><cite>El Grito</cite> por Edward Munch. Pintado en
1893.</p>
 </body>
</html>
```

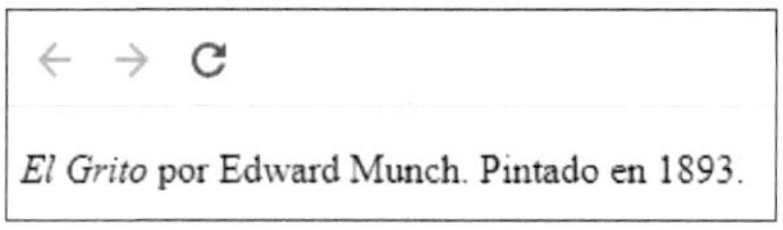

Figura 4.16. Elemento <cite>.

Texto preformateado: <pre> </pre>

En este caso sí es importante el número de espacios en blanco o saltos de línea
del código fuente, pues estos se reflejarán en la presentación del texto.

```
<!DOCTYPE html>
<html lang="es">
  <head>
    <meta charset="UTF-8" />
    <title>Página Web</title>
  </head>
```

```
<body>
    <h1>The pre element</h1>
    <pre>
            Text in a pre element
            is displayed in a fixed-width
            font, and it preserves
            both       spaces and
            line breaks
    </pre>
  </body>
</html>
```

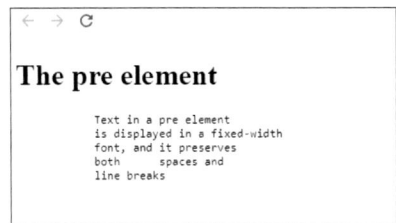

Figura 4.17. Ejemplo de <pre>.

PRÁCTICA 4.6. *Realiza un ejercicio en el que aparezcan las etiquetas <cite> y <pre> tanto de forma individual como combinadas unas con otras.*

Otras etiquetas de formato de texto

Existen muchas otras etiquetas para presentar el texto por pantalla, entre ellas podemos citar:

- **<code>**: código. Para mostrar código fuente por pantalla.

- **<ins>**: subrayado. Para subrayar texto incluido en la etiqueta.

- **<kbd>:** teclado. Define un texto del teclado.

- **<var>:** variable. Elementos de texto variable.

- **<sub>:** subíndice. Texto en subíndice; no se puede combinar con <sup>.

- **<sup>:** superíndice. Texto en superíndice; no se puede combinar con <sub>.

- **<del>:** tachado. El texto incluido en esta etiqueta aparece tachado.

4.6. Marcas de párrafo

4.6.1. Alineación de un párrafo

En HTML4 se utilizaba la etiqueta <align> para este hecho. HTML5 no soporta esta etiqueta, indicando que debemos utilizar CSS en su lugar. Para ello vamos a utilizar la propiedad **text-align**.

Los valores posibles para esta propiedad son:

Valor	Descripción
left	Texto alineado a la izquierda
right	Texto alineado a la derecha
center	Texto alineado al centro
justify	Texto justificado, alineado por la izquierda y por la derecha
initial	Establece esta propiedad en su valor predeterminado
inherit	Hereda esta propiedad de su elemento padre

A continuación, podemos ver un ejemplo de esta propiedad:

fichero.html	style.css

```<!DOCTYPE html>```
```<html lang="es">```
```<head>```
``` <meta charset="UTF-8">```
``` <title>Página Web</title>```
``` <link rel="stylesheet" href="style.css">```
```</head>```
```<body>```
``` <p class="left">este es un párrafo alineado a la izquierda</p>```
``` <p class="center">este párrafo está centrado</p>```
``` <p class="right">este es un párrafo alineado a la derecha</p>```
```</body>```
```</html>```
	```center {```
	``` text-align: center;```
	```}```
	```.right {```
	``` text-align: right;```
	```}```
	```.left {```
	``` text-align: left;```
	```}```

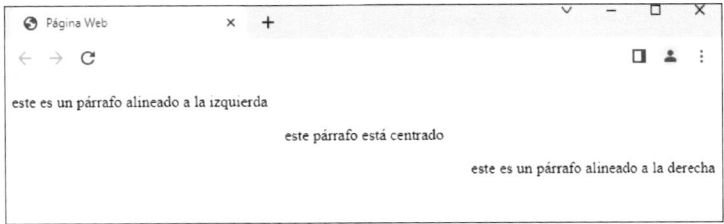

Figura 4.18. Ejemplos de text-align.

PRÁCTICA 4.8. *Crea una página web que alinee varios párrafos de formas diferentes, de forma similar a la del ejemplo.*

4.6.2. Salto de línea

La etiqueta <br> inserta un salto de línea sencillo. Esta es una etiqueta sin cierre, es decir, no existe una etiqueta </br>.

NOTA: Para facilitar la lectura del código debemos utilizar la etiqueta de esta forma <br />, con esto el lector de nuestra página tiene constancia de que esa etiqueta ya está cerrada.

Se muestra un ejemplo del uso de <br>.

```
<!DOCTYPE html>
<html lang="es">
  <head>
    <meta charset="UTF-8" />
    <title>Página Web</title>
  </head>
  <body>
    <p>
      Ideas acerca del <br />
      tiempo <br />
      y del <br />
      espacio <br />
      son exploradas en los cambios que las <br />
      constelaciones sufren a través del tiempo.
    </p>
  </body>
</html>
```

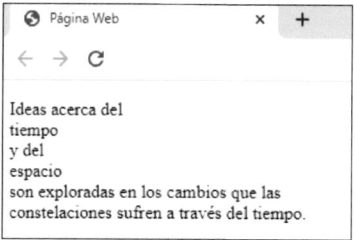

Figura 4.19. Ejemplo de <br>.

PRÁCTICA 4.9. *Crea una página web que añada tres "intros" de separación en un texto de ejemplo.*

4.6.3. Separador horizontal

Un recurso para mejorar el aspecto de nuestras páginas son las líneas horizontales, que conseguimos con la etiqueta <hr>.

NOTA: La etiqueta <hr> (al igual que ocurre con <br>) es una etiqueta individual, es decir, no tiene etiqueta de cierre, por tanto, debemos utilizar <hr /> para facilitar la lectura.

Aquí tenemos un ejemplo de la etiqueta <hr>:

```
<!DOCTYPE html>
<html lang="es">
  <head>
    <meta charset="UTF-8" />
    <title>Página Web</title>
  </head>
  <body>
    <p>
      Ideas acerca del <hr />
      son exploradas en los cambios que las <hr />
      constelaciones sufren a través del tiempo.
    </p>
  </body>
</html>
```

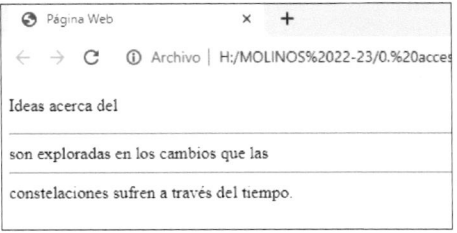

Figura 4.20. Ejemplos de <hr>.

PRÁCTICA 4.10. *Partiendo de la práctica anterior reemplaza los saltos de línea por líneas horizontales.*

4.7. Marcas de fuentes y colores

En HTML4, la etiqueta que permitía esto se llamaba <FONT>. Con la entrada de HTML5 esta etiqueta desaparece y debe utilizarse CSS en su lugar.

FAMILIA DE LA FUENTE

Para establecer la familia de la fuente, debemos utilizar el atributo **font-family**.

fichero.html	style.css
```html\n<!DOCTYPE html>\n<html lang="es">\n <head>\n <meta charset="UTF-8" />\n <title>Página Web</title>\n <link rel="stylesheet" href="style.\ncss">\n </head>\n <body>\n <h1>Hola esto es h1</h1>\n <p>\n Lorem ipsum, dolor sit amet\nconsectetur adipisicing elit. Quae\ndoloribus\n dolore illo sunt facere suscipit\namet nisi natus provident itaque\n </p>\n </body>\n</html>\n```	```css\ncbody {\n font-family:\nArial, Helvetica,\nVerdana;\n}\n\np {\n font-family:\nGeorgia, Cambria,\nTimes, "Times New\nRoman";\n}enter {\n```

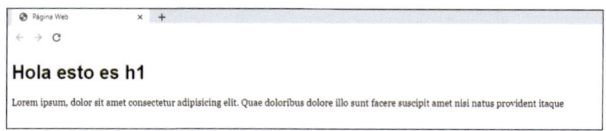

Figura 4.21. Familia de la fuente.

TAMAÑO DE LA FUENTE

Para establecer el tamaño de la fuente, debemos usar el atributo **font-size**.

fichero.html	style.css
| ```html
<!DOCTYPE html>
<html lang="es">
  <head>
    <meta charset="UTF-8" />
    <title>Página Web</title>
    <link rel="stylesheet" href="style.
css">
  </head>
  <body>
    <h1>This is heading 1</h1>
    <h2>This is heading 2</h2>
    <p>This is a paragraph.</p>
    <p>This is another paragraph.</p>
  </body>
</html>
``` | ```css
h1 {
    font-size: 40px;
}
h2 {
    font-size: 30px;
}
p {
    font-size: 14px;
}
``` |

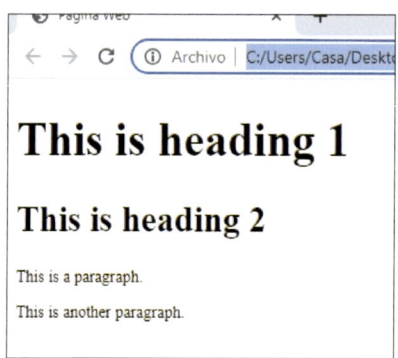

Figura 4.22. Tamaño de la fuente.

GROSOR DE LA FUENTE

Para establecer el grosor, es decir, aumentar la negrita o la luminosidad de la fuente, debemos utilizar el atributo **font-weight**.

fichero.html	style.css

``html
<!DOCTYPE html>
<html lang="es">
 <head>
  <meta charset="UTF-8" />
  <title>Página Web</title>
  <link rel="stylesheet" href="style.css" />
 </head>
 <body>
  <h1>The font-weight Property</h1>
  <p class="normal">This is a paragraph.</p>
  <p class="light">This is a paragraph.</p>
  <p class="thick">This is a paragraph.</p>
  <p class="thicker">This is a paragraph.</p>
 </body>
</html>
``
	``css
	h1 {
	  font-size: 40px;
	}
	h2 {
	  font-size: 30px;
	}
	p {
	  font-size: 14px;
	}
	``

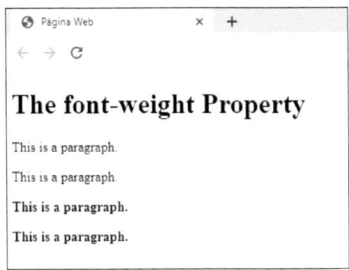

Figura 4.23. Grosor de la fuente.

ESTILO DE LA FUENTE

Para establecer el estilo de la fuente debemos usar la propiedad **font-style.**

fichero.html	style.css

``html
<!DOCTYPE html>
<html lang="es">
  <head>
    <meta charset="UTF-8" />
    <title>Página Web</title>
    <link rel="stylesheet" href="style.css" />
  </head>
  <body>
    <h1>The font-style Property</h1>
    <p class="a">This is a paragraph, normal.</p>
    <p class="b">This is a paragraph, italic.</p>
    <p class="c">This is a paragraph, oblique.</p>
  </body>
</html>
``
	``css
	.a {
	  font-style:
	normal;
	}
	.b {
	  font-style:
	italic;
	}
	.c {
	  font-style:
	oblique;
	}
	``

Figura 4.24. Estilo de la fuente.

INTERLINEADO DE LA FUENTE

Line-height: establece la distancia entre líneas del texto.

fichero.html	style.css

<pre><!DOCTYPE html>
<html lang="es">
 <head>
   <meta charset="UTF-8" />
   <title>Página Web</title>
   <link rel="stylesheet" href="style.css" />
 </head>
 <body>
   <h1>The line-height Property</h1>
   <h2>line-height: normal (default):</h2>
   <div class="a">
     This is a paragraph with a standard line-height.
     The standard line height in most browsers is about
110% to 120%.
   </div>
   <h2>line-height: 1.6 (recommended):</h2>
   <div class="b">
     This is a paragraph with the recommended line-
height.
     The line height is here set to 1.6. This is a unitless
value;
     meaning that the line height will be relative to the
font size.
   </div>
   <h2>line-height: 80%:</h2>
   <div class="c">
     This is a paragraph with a smaller line-height.
     The line height is here set to 80%.
   </div>
   <h2>line-height: 200%:</h2>
   <div class="d">
     This is a paragraph with a bigger line-height.
     The line height is here set to 200%.
   </div>
 </body>
</html></pre>
	<pre>.a {
	  line-height: normal;
	}
	.b {
	  line-height: 1.6;
	}
	.c {
	  line-height: 80%;
	}
	.d {
	  line-height: 200%;
	}</pre>

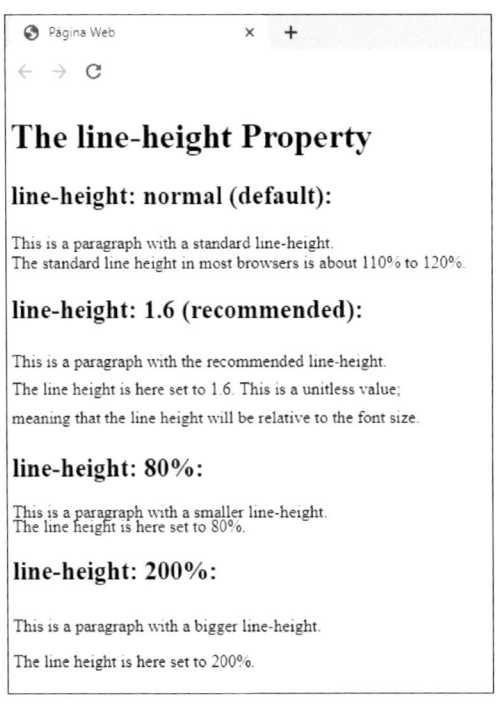

Figura 4.25. Propiedad **line-height**.

COLOR DEL TEXTO

La propiedad **color** especifica el color del texto.

fichero.html	style.css

``html
<!DOCTYPE html>
<html lang="es">
  <head>
    <meta charset="UTF-8" />
    <title>Página Web</title>
    <link rel="stylesheet" href="style.css" />
  </head>
  <body>
<h1>This is heading 1</h1>
 	
<p>This is an ordinary paragraph. Notice that
this text is red. The default text-color for a
page is defined in the body selector.</p>
 	
<p class="ex">This is a paragraph with
class="ex". This text is blue.</p>
</body>
</html>
``
	``css
	body {
	  color: red;
	}
	h1 {
	  color:
	#00ff00;
	}
	.ex {
	  color:
	rgb(0,0,255);
	}
	``

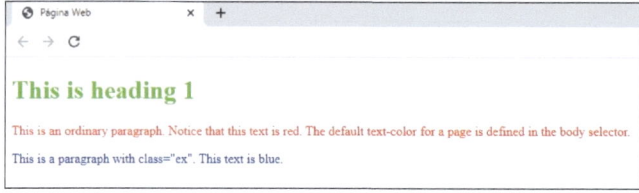

Figura 4.26. Ejemplo de la propiedad **color.**

PRÁCTICA 4.11. *Crea una página web en la que:*

- *El texto con encabezado1 (<h1>) deben ser los apellidos del lector; el color deberá ser azul marino (navy).*

- *Una línea de separación.*

- *La práctica debe contener un párrafo de 3 o 4 líneas con texto mezclando tamaños de letra con colores y separación de líneas.*

4.8. Listas no ordenadas

Las listas no ordenadas van dentro de la etiqueta <ul> y de su cierre </ul>. Cada punto que queramos añadir a la lista, lo haremos dentro de la etiqueta <li> y su cierre </li>.

Si no le indicamos nada a la etiqueta <li>, debemos dar formato a la etiqueta <li> mediante CSS:

fichero.html	style.css
<pre><!DOCTYPE html>
<html lang="es">
  <head>
    <meta charset="UTF-8" />
    <title>Página Web</title>
    <link rel="stylesheet" href="style.css" />
  </head>
  <body>
    <h2>La propiedad CSS list-style-type</h2>
    <p>Ejemplo de lista desordenada:</p>
    <ul class="a">
      <li>Café</li>
      <li>Té</li>
      <li>Cola</li>
    </ul></pre>	<pre>.a {
  list-style-type: circle;
}
.b {
  list-style-type: square;
}
.c {
  list-style-type: disc;
}</pre>

```
    <ul class="b">
      <li>Café</li>
      <li>Té</li>
      <li>Cola</li>
    </ul>
    <ul class="c">
      <li>Café</li>
      <li>Té</li>
      <li>Cola</li>
      </ul>
  </body>
</html>
```

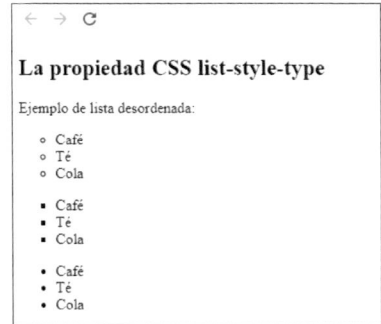

Figura 4.27. Ejemplo de <ul>.

PRÁCTICA 4.12. *Crea una página web que muestre una lista de la compra; esta lista debe contener al menos 6 elementos con el estilo que consideres oportuno.*

4.9. Listas ordenadas

Las listas ordenadas van enmarcadas dentro de las etiquetas <ol> </ol>. Cada punto de la lista se escribe con la misma etiqueta que las no numeradas: <li> y </li>. Al ser listas ordenadas los símbolos serán números y estos se irán generando automáticamente por orden conforme escribamos nuevos puntos.

Atributo	Valor	Descripción
reversed	reversed	• Especifica que la el orden de la lista será descendente (9, 8, 7...) • Nuevo en HTML5
start	Número	Especifica el valor de inicio de una lista ordenada

Atributo	Valor	Descripción
type	• 1 • A • a • I • i	Especifica el tipo de marcador utilizado en la lista

```html
<!DOCTYPE html>
<html lang="es">
  <head>
    <meta charset="UTF-8" />
    <title>Página Web</title>
  </head>
  <body>
    <ol>
      <li>Tren</li>
      <li>Bus</li>
      <li>Coche</li>
    </ol>
    <ol start="100" reversed>
      <li>Tren</li>
      <li>Bus</li>
      <li>Coche</li>
    </ol>
  </body>
</html>
```

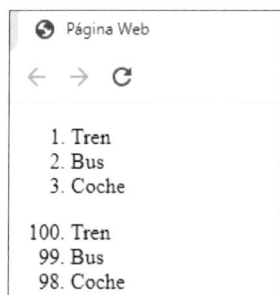

Figura 4.28. Ejemplo de <ol>.

NOTA: La propiedad CSS **list-style-type** ofrece más tipos que el atributo **type.**

fichero.html	style.css

``html
<!DOCTYPE html>
<html lang="es">
 <head>
   <meta charset="UTF-8" />
   <title>Página Web</title>
   <link rel="stylesheet" href="style.css" />
 </head>
 <body>
   <h2>La propiedad CSS list-style-type</h2>
   <p>Ejemplo de lista ordenada:</p>
   <ol class="a">
     <li>Café</li>
     <li>Té</li>
     <li>Cola</li>
   </ol>
   <ol class="b">
     <li>Café</li>
     <li>Té</li>
     <li>Cola</li>
   </ol>
   <ol class="c">
     <li>Café</li>
     <li>Té</li>
     <li>Cola</li>
   </ol>
   <ol class="d">
     <li>Café</li>
     <li>Té</li>
     <li>Cola</li>
   </ol>
 </body>
</html>
``
	``css
	ol.a {list-style-type: armenian;}
	ol.b {list-style-type: cjk-ideographic;}
	ol.c {list-style-type: decimal;}
	ol.d {list-style-type: decimal-leading-
	zero;}
	ol.e {list-style-type: georgian;}
	ol.f {list-style-type: hebrew;}
	ol.g {list-style-type: hiragana;}
	ol.h {list-style-type: hiragana-iroha;}
	ol.i {list-style-type: katakana;}
	ol.j {list-style-type: katakana-iroha;}
	ol.k {list-style-type: lower-alpha;}
	ol.l {list-style-type: lower-greek;}
	ol.m {list-style-type: lower-latin;}
	ol.n {list-style-type: lower-roman;}
	ol.o {list-style-type: upper-alpha;}
	ol.p {list-style-type: upper-latin;}
	ol.q {list-style-type: upper-roman;}
	ol.r {list-style-type: none;}
	ol.s {list-style-type: inherit;}
	``

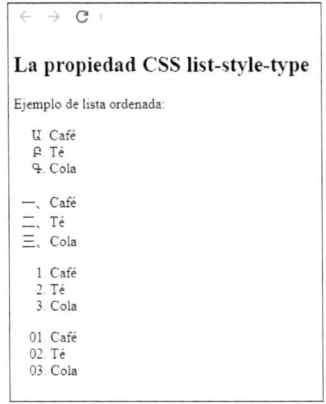

Figura 4.29. Lista ordenada **list-style-type**.

PRÁCTICA 4.13. *Crea una página web que muestre dos listas; una de la compra, con, al menos, 6 elementos, y otra de personas. La lista de la compra será ascendente, mientras que la de personas será descendente empezando desde 50.*

4.10. Listas de definiciones: <dl>, <dt> y <dd>

Si lo que vamos a hacer es un listado de definiciones, podemos usar las etiquetas <dl>, <dt> y <dd>. Vamos a explicarlas por partes:

- La etiqueta <dl> viene de los términos ingleses *definiton list* y nos indica que, dentro de ella, entre ella y en su cierre, va a ir una definición.

- La etiqueta <dt> viene de los términos *definition term* y dentro de ella irá el término que vamos a definir. Para entendernos mejor, dentro de <dt> iría el título de la definición.

- La etiqueta <dd> viene de los términos *definition description* y nos dice que dentro de esta irá la definición.

Si escribimos varios listados de definición, estos se separarán automáticamente entre ellos para facilitar su diferenciación.

Aquí podemos ver un ejemplo de código de dos listados de definición:

```
<!DOCTYPE html>
<html lang="es">
  <head>
    <meta charset="UTF-8" />
    <title>Página Web</title>
  </head>
  <body>
<dl>
    <dt>Aquí va el término que definiremos</dt>
     <dd>Y aquí dentro irá la definición propiamente
dicha.</dd>
    </dl>
    <dl>
    <dt>Aquí va la segunda definición</dt>
    <dd>
```

```
            Y aquí dentro irá la segunda definición, separada
            automáticamente de la anterior.
        </dd>
    </dl>
  </body>
</html>
```

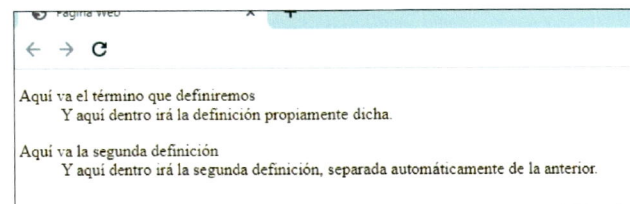

Figura 4.30. Ejemplo de <dl>, <dt> y <dd>.

PRÁCTICA 4.14. *Busca en el diccionario al menos 3 definiciones y utilizando <dl>, <dt> y <dd> diseña una página web que las muestre.*

Autoevaluación

1. La marca para representar encabezados o cabeceras es:
   a. <p>.
   b. <center>.
   c. <align>.
   d.
.
   e. <hX>.
   f. Todas las respuestas son falsas.

2. La marca para representar párrafo es:
   a. <p>.
   b. <center>.
   c. <align>.
   d.
.
   e. <hX>.
   f. Todas las respuestas son falsas.

3. La propiedad CSS que me permite centrar un texto en pantalla es:
   a. p.
   b. font-style.
   c.
.
   d. List-style-type.
   e. Todas las respuestas son falsas.

4. La propiedad CSS que me permite alinear un texto a la derecha sería:
   a. p.
   b. text-align.
   c.
.
   d. list-style-type.
   e. Todas las respuestas son falsas.

5. Si quiero insertar una línea separadora entre dos textos debo utilizar la etiqueta:

   a. <p>.

   b. <center>.

   c. <align>.

   d.
.

   e. <hr>.

   f. Todas las respuestas son falsas.

6. La etiqueta que representa una lista ordenada es:

   a. <ul>.

   b. <ol>.

   c. <li>.

   d. <dl>.

   e. Todas las respuestas son falsas.

7. La etiqueta que representa una lista no ordenada es:

   a. <p>.

   b. <center>.

   c. <align>.

   d.
.

   e. <hX>.

   f. Todas las respuestas son falsas.

5. Enlaces y direccionamientos

Contenidos

5.1. Los enlaces y la navegación

Probablemente la característica que más ha influido en el espectacular desarrollo de la web hayan sido, junto con las imágenes, los enlaces (*links*). Un enlace aparece generalmente como un texto azul subrayado y, cuando situamos el cursor sobre él, se transforma en una mano con el dedo índice extendido. Si pulsamos sobre el enlace saltamos a otra parte del documento, a otro documento situado en cualquier lugar, o incluso se abre el programa de correo para enviar un mensaje a la dirección indicada.

5.2. Creación de un enlace

Para crear un enlace en HTML utilizamos el elemento <a>. Para poder indicar el destino de un enlace utilizamos el atributo **href.** El valor del atributo **href** puede ser cualquier URI que represente un recurso.

```
<a href="URI">Contenido del enlace</a>
```

El texto del enlace es lo que se visualizará en el navegador. Se establece un vínculo entre el texto mostrado y la URL donde apunta el enlace.

A continuación, se presenta un ejemplo de enlaces:

```
<!DOCTYPE html>

<html lang="es">

<head>

    <meta charset="UTF-8" />

    <title>Ejemplo Web</title>

</head>

<body>

<h1> El atributo "a href" </h1>

<p>Esto es un enlace <a href="https://www.paraninfo.
es/">Editorial Paraninfo</a></p>

</body>

</html>
```

Figura 5.1. Enlace.

5.3. Vínculos

Como hemos visto en el apartado anterior, los enlaces tienen la siguiente estructura:

```
<a href="URL"> texto del enlace</a>
```

Valor	Descripción	Ejemplo
URL absolutas	Apunta a una dirección web completa	`<a href="http://www.yo.com/ejemplo.html"> Visitar la web</a>`
URL relativas	Apunta a una dirección contenida en nuestro sitio web	`<a href="../ejemplo.html"> Visitar la web</a>`

Otros protocolos	Podemos crear enlaces también a otros protocolos diferentes de http, como https://, ftp://, mailto:, file:, etc.	`<a href="ftp://ftp.misitio.com/fichero.pdf"> Descargar fichero</a>`
		
		`<a href="mailto:yo@yo.com">Enviar un correo</a>`

Scripts	Podemos enlazar con scripts realizados en JavaScript, Tcl, etc.	`<a href="javascript:alert('Hello');"> Haga clic</a>`

```
<!DOCTYPE html>
<html lang="es">
  <head>
    <meta charset="UTF-8" />
    <title>Ejemplo Web</title>
  </head>
```

```
<body>

  <p>

   Una dirección URL absoluta:

   <a href="http://www.paraninfo.es/">Editorial Paraninfo</a>

  </p>


  <p>Una dirección URL relativa: <a href="ejemplo.html">Ir a
ejemplo</a></p>

  </body>

</html>>
```

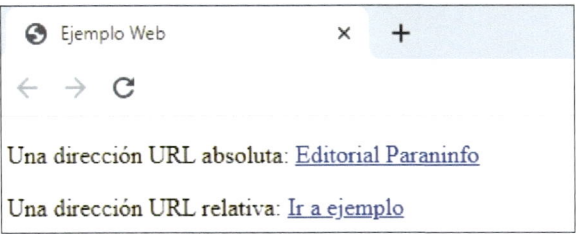

Figura 5.2. Enlaces.

PRÁCTICA 5.1. *Crea una página web que contenga, como mínimo, 3 enlaces; al menos habrá 1 relativo y 1 absoluto.*

5.4. Destino del enlace

Si no hemos configurado nada en el navegador web que estemos utilizando el enlace se abre en la misma ventana en la que tengamos el enlace, es decir, se reemplaza nuestra página actual por la enlazada.

En el enlace podemos indicar dónde se abrirá la página enlazada mediante el atributo **target.**

Valor para target	Descripción
_blank	El enlace se abrirá en una nueva ventana
_self	Se abre el enlace en la misma ventana en la que estamos (valor por defecto)

```
<!DOCTYPE html>
<html lang="es">
<head>
    <meta charset="UTF-8" />
    <title>Ejemplo Web</title>
</head>
<body>
<h1> El atributo "a href" </h1>
<p><a href="enlace.html" target="_blank">Abrir enlace en
una nueva ventana</a></p>
<p><a href="enlace.html" target="_self">Abrir enlace en la
ventana superior</a></p>
</body>
</html>
```

Figura 5.3. Atributo **target**.

5.5. Anclas

En este caso la URL se sustituye por un marcador en la misma página (o en otra distinta). El marcador puede ser texto colocado en el lugar al que queremos saltar. No importa lo que sea, ya que no se verá.

Veamos un ejemplo para saltar al inicio de esta página. Escribiríamos en el lugar desde el que queremos saltar:

```
<a href="#inicio"> Ir al Inicio</a>
```

Y en el sitio exacto al que queramos saltar, deberemos poner la siguiente etiqueta:

```
<a name="inicio"> </a>
```

Al pulsar sobre ella nos llevaría al principio de la página, donde se ha colocado el marcador.

```
<!DOCTYPE html>
<html lang="es">
<head>
    <meta charset="UTF-8" />
    <title>Ejemplo Web</title>
</head>

<body>

<p><a href="#nvidia">Ir a Nvidia</a></p>

<h2>Intel</h2>
<p>Intel Corporation es el mayor fabricante de circuitos
integrados del mundo, según su cifra de negocio anual.
La compañía estadounidense es la creadora de la serie
de procesadores x86, los procesadores más comúnmente
encontrados en la mayoría de las computadoras personales.
Intel fue fundada el 18 de julio de 1968 como Integrated
Electronics Corporation (aunque un error común es el de que
"Intel" viene de la palabra intelligence) por los pioneros
en semiconductores Robert Noyce y Gordon Moore, y muchas
veces asociados con la dirección ejecutiva y la visión de
Andrew Grove.</p>
<p>Intel fue fundada en Mountain View (California) en 1968
por Gordon E. Moore (químico y físico, famoso por su "Ley
de Moore") y Robert Noyce (físico y co-inventor del circuito
integrado) cuando salieron de Fairchild Semiconductor.
El tercer empleado de Intel fue Andy Grove, un ingeniero
químico, que dirigió la compañía durante la mayor parte
de los años 1980 y del período de alto crecimiento de los
1990.</p>
<p>Moore y Noyce inicialmente quisieron llamar a la compañía
"Moore Noyce", pero sonaba mal (ya que en inglés suena como
More Noise, que literalmente significa: Más Ruido, un nombre
poco adecuado para una empresa electrónica, ya que el ruido
en electrónica suele ser muy indeseable y normalmente se
asocia con malas interferencias).
```

Utilizaron el nombre NM Electronics durante casi un año, antes de decidirse a llamar a su compañía Integrated Electronics (en español Electrónica Integrada), abreviado "Intel". Pero "Intel" estaba registrado por una cadena hotelera, por lo que tuvieron que comprar los derechos para poder utilizarlo</p>

<hr>

<h2>AMD</h2>

<p>Advanced Micro Devices, Inc. (NYSE: AMD) o AMD es una compañía estadounidense de semiconductores establecida en Sunnyvale, California, que desarrolla procesadores de cómputo y productos tecnológicos relacionados para el mercado de consumo. Sus productos principales incluyen microprocesadores, chipsets para placas base, circuitos integrados auxiliares, procesadores embebidos y procesadores gráficos para servidores, estaciones de trabajo, computadores personales y aplicaciones para sistemas embedidos.</p>

<p>AMD es el segundo proveedor de microprocesadores basados en la arquitectura x86 y también uno de los más grandes fabricantes de unidades de procesamiento gráfico. También posee un 8,6% de Spansion, un proveedor de memoria flash no volátil.)7 En 2011, AMD se ubicó en el lugar 11 en la lista de fabricantes de semiconductores en términos de ingresos.</p>

<p>Advanced Micro Devices se fundó el 1 de mayo de 1969 por un grupo de ejecutivos de Fairchild Semiconductor, incluidos Jerry Sanders III, Edwin Turney, John Carey, Sven Simonsen, Jack Gifford y 3 miembros del equipo de Gifford, Frank Botte, Jim Giles y Larry Stenger. La compañía empezó a producir circuitos integrados lógicos, luego entró en el negocio de las memorias RAM en 1975. Ese mismo año hizo una copia de microprocesador Intel 8080 mediante técnicas de ingeniería inversa, al cual nombró como AMD 9080. Durante este período, AMD también diseñó y produjo una serie de procesadores Bit slicing (Am2901, Am29116, Am293xx) que fueron usados en varios diseños de microcomputadores.</p>

<hr>

```
<h2><a name="nvidia">Nvidia</a></h2>

<p>Nvidia Corporation (NASDAQ: NVDA) es una empresa
multinacional especializada en el desarrollo de unidades de
procesamiento gráfico y tecnologías de circuitos integrados
para estaciones de trabajo, ordenadores personales y
dispositivos móviles. Con sede en Santa Clara, California,4
la compañía se ha convertido en uno de los principales
proveedores de circuitos integrados (CI), como unidades
de procesamiento gráfico GPU y conjuntos de chips usados
en tarjetas de gráficos en vídeoconsolas y placas base de
computadora personal.</p>


</body>
</html>
```

Obtenemos la siguiente página:

Figura 5.4. Anclas.

Si hacemos clic en el enlace "Ir a Nvidia", tendremos:

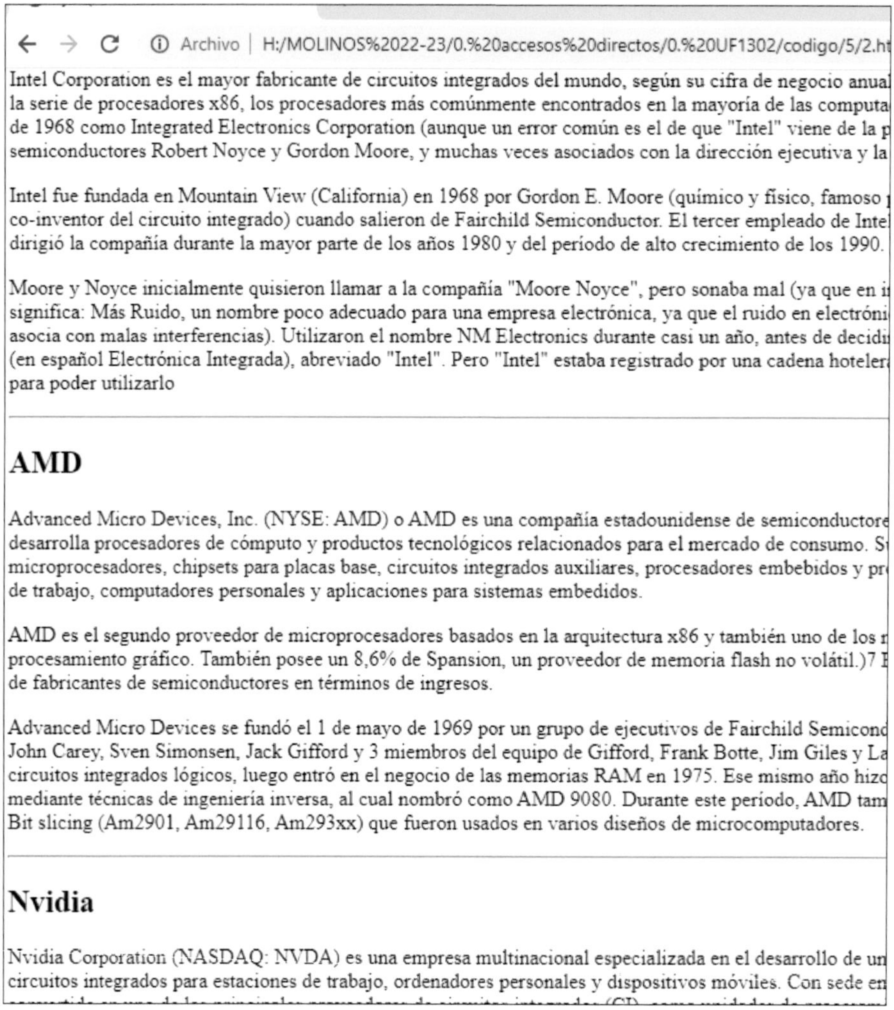

Figura 5.5. Anclas.

PRÁCTICA 5.2. *Crea una página web que lleve dos anclas, una al principio y otra al final. Haz lo suficientemente larga para que se note el desplazamiento.*

5.6. Enlaces con imágenes

Hasta ahora hemos visto que los enlaces son de tipo texto; también podemos tener como contenido de los enlaces imágenes.

```
<!DOCTYPE html>
<html lang="es">
  <head>
    <meta charset="UTF-8" />
    <title>Ejemplo Web</title>
  </head>
  <body>
    <h1>Una imagen como enlace:</h1>
    <p>
      <a href="https://www.paraninfo.es">
        <img alt="Logo" src="logo.png" />
      </a>
    </p>
  </body>
</html>
```

Figura 5.6. Enlace con imagen.

5.7. Enlaces para descarga de ficheros

Otro de los usos que se les da a los enlaces en HTML es el de habilitar la descarga de ficheros. En este caso el destino indicado por el atributo **href** debe ser el fichero que queremos descargar o que abra el navegador.

```
<!DOCTYPE html>
<html lang="es">
  <head>
    <meta charset="UTF-8" />
    <title>Ejemplo Web</title>
  </head>
  <body>
    <h1>Enlace a ficheros:</h1>
    <p><a href="fichero.zip">Descargar el fichero</a></p>
    <p><a href="documento.pdf">Ver el contenido del
documento</a></p>
  </body>
</html>
```

Figura 5.7. Enlace a ficheros.

Autoevaluación

1. Podemos efectuar un enlace a:
   a. Una URL externa a nuestro sitio.
   b. Una URL interna a nuestro sitio.
   c. Un *script* de JavaScript.
   d. Un protocolo diferente del nuestro.
   e. Todas las respuestas son correctas.
   f. Todas las respuestas son falsas.

2. Podemos abrir un enlace:
   a. Sobre nuestra misma página.
   b. En una ventana nueva.
   c. Todas las respuestas son correctas.
   d. Todas las respuestas son falsas.

3. Podemos utilizar imágenes como enlaces:
   a. Verdadero.
   b. Falso.

4. Podemos hacer enlaces a documentos y ficheros para ser descargados:
   a. Verdadero.
   b. Falso.

6. Marcos, tablas y capas

Contenidos

6.1. Marcos

Los marcos HTML permiten presentar documentos con vistas múltiples, que pueden ser ventanas o subventanas independientes. Por ejemplo, dentro de una misma ventana, un marco podría mostrar un gráfico estático; un segundo marco, un menú de navegación, y un tercero, el documento principal que puede ser desplazado o reemplazado al navegar por el segundo marco.

6.1.1. Creación de marcos

Aquí tenemos un documento simple con marcos:

```
<!DOCTYPE html>
<html lang="es">

<head>
    <meta charset="UTF-8">
    <title>Página Web</title>
</head>

<body><frameset cols="20%, 80%">
  <frameset rows="100, 200">
      <frame src=" marco1.html">
      <frame src=" marco2.jpg">
  </frameset>
  <frame src=" marco3.html">
</frameset>
</html>
```

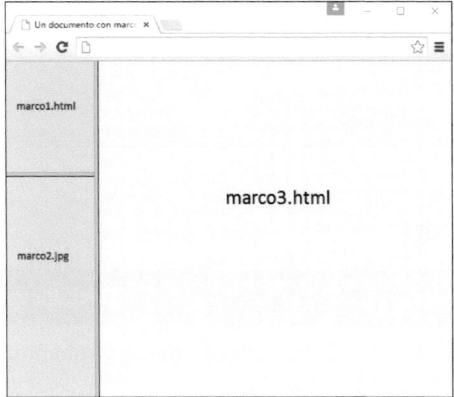

Figura 6.1. Marcos o *frames*.

La distribución de este ejemplo es la siguiente: en primer lugar, hacemos una división en 2 marcos, el primero ocupará un 20 % de la página y el segundo un 80 %. El primer marco, a su vez, está divido en 2 filas, la primera fila tendrá un alto de 100 píxeles y el alto de la segunda fila será el resto.

NOTA: Los elementos FRAME y FRAMESET no se soportan por HTML5.

6.1.2. Situación de los marcos

La situación de los marcos en la página es estática, es decir, no podemos colocarlos en las posiciones que deseemos. Pueden ser útiles para compartir un cierto contenido por todo el sitio web, por ejemplo, para una barra de navegación.

Los documentos HTML que describen una disposición de marcos tienen una estructura diferente a la de los documentos HTML sin marcos.

- Un documento normal tiene una sección <head> y una sección <body>.

- Un documento con marcos tiene una sección <head> y una sección <frameset>, en lugar de <body>.

6.1.3. Tipos de marcos. El elemento FRAMESET

La sección <frameset> </frameset> de un documento especifica la disposición de las vistas en la ventana del navegador del cliente, permitiendo definir distintos tipos de *frames*.

```
<frameset cols=" " rows=" ">
<frame>  …. </frame>
<frame>  …. </frame>
…
</frameset>
```

Atributos de <frameset>:

Atributo	Valor	Descripción
cols	• Píxeles • Porcentaje (%) • Asterisco (*)	Especifica el número y tamaño de columnas en un frameset

Atributo	Valor	Descripción
rows	• Píxeles • Porcentaje (%) • Asterisco (*)	Especifica el número y tamaño de filas en un frameset

6.1.4. Configuración de los marcos. El elemento FRAME

La etiqueta <frame> define una ventana particular (frame) incluida en <frameset>.

Cada <frame> de un <frameset> puede tener diferentes atributos.

Atributo	Valor	Descripción
frameborder	• 0 (no) • 1 (sí) (defecto)	Se muestra o no el *border* rodeando al *frame*
longdesc	URL	Este atributo especifica un vínculo a una descripción larga del marco. Esta descripción debería complementar la descripción corta proporcionada por el atributo **title,** y puede ser particularmente útil para navegadores no visuales
marginheight	píxeles	Margen superior e inferior de un *frame*
marginwidth	píxeles	Margen derecho e izquierdo de un *frame*
name	texto	Este atributo asigna un nombre al marco actual. Este nombre puede utilizarse como el destino de vínculos subsiguientes
noresize	noresize	Indica que un *frame* no puede redimensionarse
scrolling	• yes • no • auto	Aparecerá o no una barra de desplazamiento en el *frame*
src	URL	Este atributo específica la localización de los contenidos iniciales que contendrá el marco

El atributo **src** específica el documento inicial que contendrá el marco. Véa en el siguiente ejemplo de documento HTML:

```
<!DOCTYPE html>
<html lang="es">

<head>
    <meta charset="UTF-8">
    <title>Página Web</title>
</head>

<body>
<frameset cols="33%,33%,33%">
  <frameset rows="*,200">
      <frame name="marco1" src="marco1.
html" noresize="noresize">
      <frame name="marco2" src="marco2.jpg">
  </frameset>
      <frame name="marco3" frameborder="0"
src="marco3.html">
      <frame name="marco4" frameborder="0"
src="marco4.html" scrolling="yes">
</frameset>
</html>
```

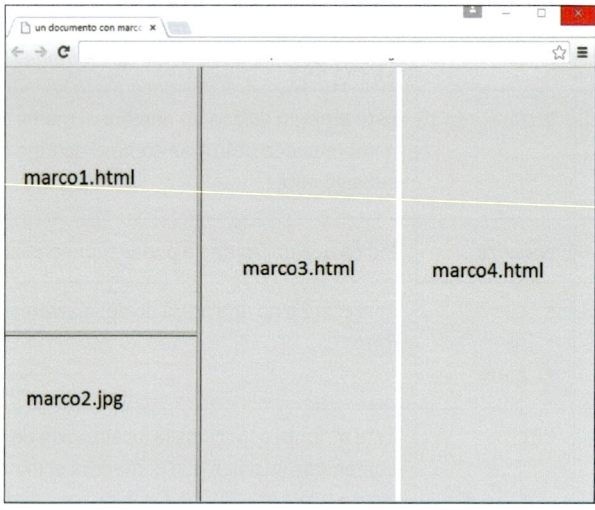

Figura 6.2. Marcos o *frames*.

En este caso hemos creado 3 columnas de marcos con un 33 % de ancho cada una, el primer marco a su vez estará dividido en 2 filas de marcos, donde la segunda fila tendrá una altura de 200 píxeles y el primer marco tendrá una altura variable. El marco3 y el marco ,4 no llevan borde, pero el marco3 por la izquierda llevará borde, ya que marco1 y marco2 lo tienen habilitado.

PRÁCTICA 6.1. *Diseña una página con 4 columnas de marcos con un 25 % de ancho cada una. La segunda y la cuarta columna tendrán a su vez 3 filas con un 33 % de alto.*

6.1.5. Especificación de información sobre el marco destino

Al asignar un nombre a un marco por medio del atributo **name,** podremos referirnos a él como el "destino" de los vínculos definidos por otros elementos. Se puede establecer el atributo **target** para los elementos que creen vínculos (<a href>, <link>), para los mapas de imágenes (<área>), y para los formularios (<form>).

Este ejemplo ilustra cómo es posible mediante la especificación de un destino la modificación dinámica de los contenidos de un marco.

Primero definimos un documento "index.html" que tiene un grupo de marcos:

```
<!DOCTYPE html>
<html lang="es">


<head>
    <meta charset="UTF-8">
    <title>Página Web</title>
</head>


<body>
<frameset cols="30%,*">
    <frame name="fijo" src="fijo.html">
    <frame name="cambia" src="cambia.html">
</frameset>
</body>
</html>
```

El contenido del marco "fijo" cambia la página que se carga en el marco "dinámico".

```
<!DOCTYPE html>
<html lang="es">

<head>
    <meta charset="UTF-8">
    <title>Página Web</title>
</head>

<body>
    <p><a href="cambia.html"
target="cambia">Contenido de cambia</a></p>
    <p><a href="http://www.paraninfo.es"
target="cambia">Web de Paraninfo</a></p>
    <p><a href="http://www.wikipedia.es"
target="cambia">Web de Wikipedia</a></p>

</body>
</html>
```

Figura 6.3. Marcos o *frames*.

Si se activa cualquiera de los vínculos se abre una nueva página en el marco llamado "cambia", mientras que el otro marco, "fijo", mantiene sus contenidos iniciales.

PRÁCTICA 6.2. *Crea una página similar a la del ejemplo, en la que habrá un marco fijo y uno que cambia; en este caso en lugar de con columnas haz con filas.*

NOTA: La definición de un grupo de marcos nunca cambia, pero los contenidos de uno de sus marcos sí pueden cambiar. Una vez que los contenidos de un marco cambian, la definición del grupo de marcos deja de reflejar el estado actual de sus marcos.

Actualmente no hay ninguna manera de codificar con un URI el estado real de un grupo de marcos. Por tanto, muchos navegadores no permiten a los usuarios asignar un marcador a un grupo de marcos.

Los grupos de marcos hacen más difícil para los usuarios la navegación hacia adelante y hacia atrás en el historial de sus navegadores.

6.1.6. Contenido alternativo. El elemento NOFRAMES

Cuando creamos páginas con *frames* tenemos que proporcionar un contenido alternativo para aquellos navegadores de los clientes que no soporten o no tengan habilitado el soporte de marcos. Este contenido debe aparecer dentro de <noframes> y </noframes>.

El elemento <noframes> es parte tanto del DTD transicional como del documentos con marcos. En un documento que use el DTD de documentos con marcos, <noframes> se puede usar al final de la sección <noframes> del documento.

Por ejemplo:

```html
<!DOCTYPE html>
<html lang="es">

<head>
    <meta charset="UTF-8">
    <title>Página Web</title>
</head>

<body>
  <frameset cols="30%,*">
<frame src="principal.html">
<frame src="contenidos.html">
<noframes>
      <p>aquí puede encontrar la <a href="principal-
sinmarcos.html">
      Version sin marcos del documento.</a>
</noframes>
  </frameset>
  </html>
```

Si nuestro navegador no soportase marcos, se mostrará:

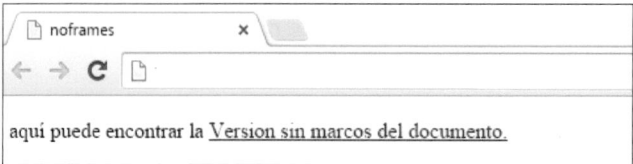

Figura 6.4. La etiqueta <noframes>.

PRÁCTICA 6.3. *Modifica las prácticas 6.1 y 6.2 y añade a ambas la etiqueta <noframes> para que soporten navegadores sin frames.*

6.1.7. Marcos en línea: el elemento <iframe>

Los marcos en línea se utilizan para embeber otro documento dentro del documento HTML actual.

Definiciones de atributos:

Atributo	Valor	Descripción
align	• left • right • top • middle • bottom	Especifica la alineación de un <iframe> de acuerdo a los elementos de su entorno
frameborder	• 0 (no) • 1 (sí) (defecto)	• Se muestra, o no, el *border* rodeando al <iframe> • No soportado por HTML5
height	píxeles	Especifica la altura de un <iframe>
longdesc	URL	• Este atributo especifica un vínculo a una descripción larga del <iframe> • No soportado por HTML5
marginheight	píxeles	• Margen superior e inferior de un <iframe> • No soportado por HTML5
marginwidth	píxeles	• Margen derecho e izquierdo de un <iframe> • No soportado por HTML5
name	texto	Este atributo asigna un nombre al <iframe>

Atributo	Valor	Descripción
sandbox	<ul><li>allow-forms</li><li>allow-pointer-lock</li><li>allow-popups</li><li>allow-same-origin</li><li>allow-scripts</li><li>allow-top-navigation</li></ul>	Habilita un conjunto extra de restricciones para el contenido en un <iframe>
scrolling	<ul><li>yes</li><li>no</li><li>auto</li></ul>	<ul><li>Aparecerá, o no, una barra de desplazamiento en el <iframe></li><li>No soportado por HTML5</li></ul>
seamless	seamless	Especifica que el <iframe> se mostrará como una parte del documento que lo contiene
src	URL	Especifica la dirección del documento embebido en el <iframe>
srcdoc	código HTML	Especifica el contenido HTML de la página mostrada en el <iframe>
width	píxeles	Especifica el ancho de un <iframe>

La información que se inserte en línea se designa mediante el atributo **src** de este elemento. Si el navegador del cliente no soporta <iframes>, podremos insertar un enlace para que puedan acceder a la información de todas formas. La información que se mostrará irá encerrada entre llaves "[" y "]".

Para aquellos navegadores de usuario que soporten <iframes>, el siguiente ejemplo colocará un marco en línea rodeado por un borde en medio del texto. En caso contrario, mostrará un texto con un enlace para poder acceder a la información.

```
<!DOCTYPE html>
<html lang="es">

<head>
    <meta charset="UTF-8">
    <title>Página Web</title>
</head>

<body>
      <iframe src="ejemplo.html" width="400" height="500"
scrolling="auto" frameborder="1">
      [su navegador no soporta iframes.Sin embargo, puede
visitar <a href="ejemplo.html">la web del iframe.</a>]
   </iframe>
</body>
</html>
```

Figura 6.5. La etiqueta <iframe>.

Los marcos en línea no pueden ser redimensionados, y, por lo tanto, no tienen un atributo **noresize.**

PRÁCTICA 6.4. *Realiza una página similar a la del ejemplo en la que se inserte un <iframe> de tamaño 800 × 600. Carga dentro del <iframe> cualquiera de las páginas del Capítulo 5.*

6.2. Tablas

Las tablas nos permiten representar y ordenar cualquier elemento de nuestra presentación en diferentes filas y columnas de modo que podamos resumir grandes cantidades de información de una manera que pueda representarse rápida y fácilmente.

Cuando hablamos de filas nos referimos a las casillas que están en horizontal y las columnas son las que están en vertical.

6.2.1. Definición de una tabla

Una tabla va siempre delimitada por las etiquetas **<table>** y **</table>**. La tabla puede tener un título indicado por la etiqueta **<caption>.**

6.2.2. Filas y columnas

Dentro de una tabla vamos a distinguir dos elementos: filas y columnas:

- Las filas se identifican mediante las etiquetas <tr> y </tr>.

- Las columnas se identifican mediante las etiquetas <td> y </td>; para filas o columnas de título puede utilizarse <th> y </th>.

Para completar una tabla vamos rellenando casillas de izquierda a derecha, partiendo de arriba hacia abajo.

6.2.3. Agrupación de las filas

Una tabla se puede dividir en 3 formas de agrupación de las filas, que son las siguientes:

Parte	Descripción
thead	Indica las filas que forman parte de la cabecera de la tabla; en este caso se suele emplear <th> para las columnas
tbody	Indica el cuerpo de la tabla, aquí irá el contenido propiamente dicho de nuestra tabla
tfooter	Indica las filas que forman parte del pie de la tabla

Vamos a ver un ejemplo de una tabla que tiene 3 filas y 2 columnas, la primera fila contendrá el título de los campos de la tabla.

```
<!DOCTYPE html>
<html lang="es">

<head>
    <meta charset="UTF-8">
    <title>Página Web</title>
</head>

<body>
>

    <table>
      <caption>
        Gastos de la empresa por Mes
      </caption>
      <thead>
        <tr>
          <th>Mes</th>
          <th>Hardware</th>
          <th>Software</th>
        </tr>
      </thead>
```

```
        <tbody>
          <tr>
            <td>Enero</td>
            <td>2500€</td>
            <td>200€</td>
          </tr>
          <tr>
            <td>Febrero</td>
            <td>4000€</td>
            <td>600€</td>
          </tr>
        </tbody>
      </table>
    </body>
</html>
```

Figura 6.6. Tabla.

PRÁCTICA 6.7. *Crea una web que tenga dos tablas, la primera de tamaño 3 × 2 y la segunda de tamaño 5 × 8. Introduce texto de prueba en cada casilla.*

6.2.4. Combinar celdas

Es posible unir celdas para conseguir una mejor maquetación. Las etiquetas de columna (<td>, <th>) son las que permiten esta operación.

Atributo	Descripción
Colspan="X"	Combina la celda actual con el número de celdas a la derecha indicado por X
Rowspan="Y"	Combina la celda actual con el número de celdas hacia abajo indicado por Y

A continuación, se presenta un ejemplo de **colspan** y **rowspan**; se incluye un fichero CSS donde indicamos que el tamaño la tabla será el 50 % de la página y cada celda tendrá un borde de 1 px de ancho de color negro.

fichero.html	style.css

<pre><!DOCTYPE html>
<html lang="es">
  <head>
    <meta charset="UTF-8" />
    <link rel="stylesheet" href="style.css">
    <title>Página Web</title>
  </head>
  <body>
    <table>
      <tbody>
        <tr>
          <td>1</td>
          <td>2</td>
          <td>3</td>
          <td>4</td>
        </tr>
        <tr>
          <td colspan="2">5</td>
          <td>6</td>
          <td rowspan="2">7</td>
        </tr>
        <tr>
          <td>8</td>
          <td>9</td>
          <td>10</td>
        </tr>
      </tbody>
    </table>
  </body>
</html></pre>
	<pre>table {
	  width: 50%;
	}
	td {
	  border: 1px
	solid black;
	}</pre>

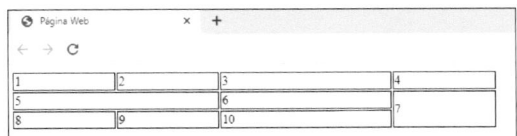

Figura 6.7. Tabla con **colspan** y **rowspan**.

6.2.5. Estilos CSS para tablas

Hay muchas propiedades CSS que son aplicables a las tablas también, como, por ejemplo, los bordes (como hemos visto en el ejemplo anterior), aunque hay propiedades que permiten modificar la forma de visualizar los elementos de una tabla.

ESPACIADO Y BORDE DE LAS TABLAS

Propiedad CSS	Valores	Descripción
border-collapse	collapse | separate	Bordes entre los elementos; con el parámetro **collapse** se unen los bordes en uno único, con **separate,** los bordes se mantienen separados (esta es la opción por defecto)
border-spacing	X Y	Espaciado entre bordes; **X** representa la distancia horizontal e **Y** la vertical
caption-side	top | bottom	Posición del título de la tabla, **top** en la parte superior de la tabla (opción por defecto) y **bottom** en la parte inferior
empty-cells	show | hide	Indica si queremos (o no) mostrar celdas vacías de la tabla, con **show,** se mostrarán (valor por defecto) y con **hide** no. La opción **hide** con funciona en conjunción con **collapse**
table-layout	auto | fixed	Indicamos la forma en la que se muestran el ancho de las celdas. Con **auto** (valor por defecto) el contenido determina el tamaño de la celda (aunque hayamos definido tamaño) y con **fixed** la anchura viene determinada por las propiedades, no por el contenido

fichero.html	style.css

<pre><!DOCTYPE html>
<html lang="es">
  <head>
    <meta charset="UTF-8" />
    <link rel="stylesheet" href="style.css">
    <title>Página Web</title>
  </head>
  <body>
    <table>
      <caption>
        Gastos de la empresa por Mes
      </caption>
      <thead>
        <tr>
          <th>Mes</th>
          <th>Hardware</th>
          <th>Software</th>
        </tr>
      </thead>
      <tbody></pre>
	<pre>table {
	  width: 50%;
	  border-collapse:
	collapse;
	}
	
	td,th {
	  border:1px solid
	black;
	}</pre>

```
          <tr>
            <td>Enero</td>
            <td>2500€</td>
            <td>200€</td>
          </tr>
          <tr>
            <td>Febrero</td>
            <td>4000€</td>
            <td>600€</td>
          </tr>
        </tbody>
      </table>
    </body>
</html>
```

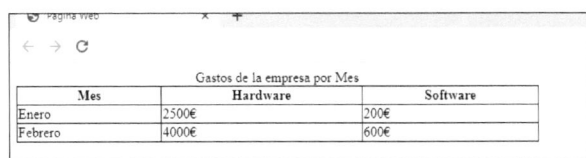

Figura 6.8. Collapse.

6.3. Capas

Las capas son bloques con contenido HTML que pueden situarse en la página de manera dinámica. Las etiquetas que indican el inicio y fin de una capa son **<div>** y **</div>**.

Las capas suelen tener asociado un estilo CSS para completarlas. Hasta la llegada de HTML5 era la única forma de agrupar contenido (junto con <span>).

Un ejemplo de capas:

fichero.html	style.css

`<!DOCTYPE html>`
`<html lang="es">`
`  <head>`
`    <meta charset="UTF-8" />`
`    <link rel="stylesheet" href="style.css">`
`    <title>Página Web</title>`
`  </head>`
	`.azul {`
	`  color:blue;`
	`}`
	
	`.rojo {`
	`  color:red;`
	`}`

```
<body>
   <div class="azul">
       <h2> Ejemplo de div y span </h2>
       <p>
         Esto es un párrafo dentro de un div,
          <span class="rojo"> y esto un
span dentro de un párrafo.</span>
         </p>
      </div>
   </body>
   </html>
```

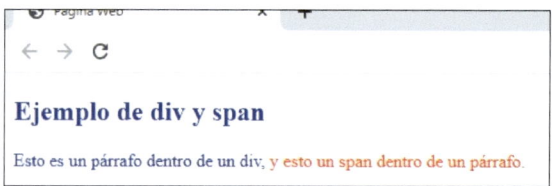

Figura 6.9. <div>.

Como se ha indicado anteriormente, con la llegada de HTML5 aparecen las **etiquetas semánticas,** con las que podemos describir el contenido de lo que representamos y de esa forma los documentos HTML son más claros para los desarrolladores, los motores de búsqueda e incluso para los navegadores.

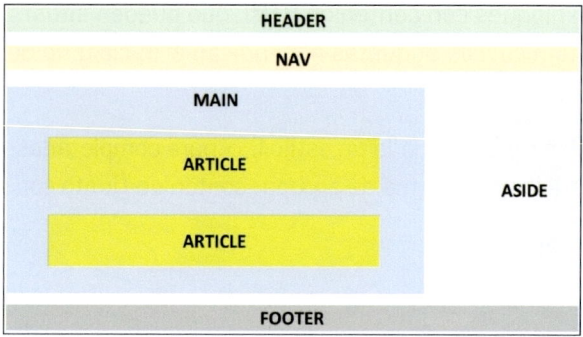

Figura 6.10. Etiquetas semánticas.

6.3.1. Header

La etiqueta <header> (no confundir con <head>) es utilizada para identificar la cabecera de la página. En general, identifica el logo de la página, el título, y una descripción de la página. A veces, el elemento <nav> puede ir integrado en <header>.

6.3.2. Nav

La etiqueta <nav> representa el menú de navegación de la página. Es común utilizar como el primer elemento de la página en la parte superior.

6.3.3. Main

El elemento <main>especifica el contenido principal de la página, es decir, el de mayor relevancia para el usuario.

6.3.4. Section

El elemento <section> representa una parte o una sección de la página. Dentro de una sección tendremos el título de esta junto con el contenido.

6.3.5. Article

El elemento <article> declara un contenido que es independiente de otros en la web. Por ejemplo, en un blog un post de otro.

6.3.6. Aside

El elemento <aside> es utilizado para crear un contenido adicional al contenido principal, por ejemplo, una barra de navegación lateral, publicidad, etc.

6.3.7. Footer

El elemento <footer> es el pie de la página; se localiza al final de la página. Se usa con información sobre derechos de autor, formas de contacto, otro menú de navegación, etc.

Ejemplo de código HTML con etiquetas semánticas.

```
<!DOCTYPE html>
<html lang="es">
  <head>
    <meta charset="UTF-8" />
    <link rel="stylesheet" href="style.css">
    <title>Página Web</title>
  </head>
```

```
<body>
  <header>
    <h1>Página sobre Etiquetas Semánticas</h1>
</header>
<nav>
    <ul>
        <li><a href="#">Enlace 1</a></li>
    </ul>
</nav>
<section>
    <article>
        <header>
            <h1>Artículo1</h1>
        </header>
        <p>Contenido del artículo1.</p>
    </article>
    <article>
        <header>
            <h1>Artículo2</h1>
        </header>
        <p>Contenido del artículo2.</p>
    </article>
</section>
<footer>
        <p>Pie de página.</p>
</footer>
</body>
</html>
```

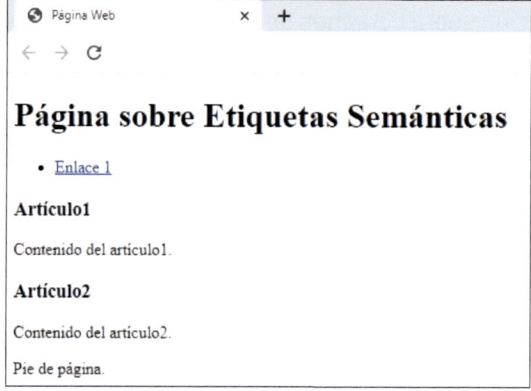

Figura 6.11. Codigo HTML con etiquetas semánticas.

Autoevaluación

1. HTML5:
    a. Soporta el elemento FRAMESET.
    b. Soporta el elemento FRAME.
    c. Soporta ambos elementos.
    d. No soporta ningún elemento.

2. Para las webs que no soportan *frames* debemos añadir una etiqueta:
    a. <iframe>.
    b. <noframes>.
    c. <frameset>.
    d. <div>.
    e. <span>.
    f. Todas las respuestas son falsas.

3. La sección _____ de un documento especifica la disposición de los *frames* en la ventana del navegador del cliente:
    a. <iframe>.
    b. <noframes>.
    c. <frameset>.
    d. <div>.
    e. <span>.
    f. Todas las respuestas son falsas.

4. La etiqueta _____ define una ventana particular incluida en <frameset>:
    a. <iframe>.
    b. <noframes>.
    c. <frameset>.
    d. <div>.
    e. <span>.
    f. Todas las respuestas son falsas.

5. La etiqueta _____ es la utilizada para embeber otro documento dentro del documento HTML actual:

a. <iframe>.

b. <noframes>.

c. <frameset>.

d. <div>.

e. <span>.

f. Todas las respuestas son falsas.

6. Mientras que <span> se usa dentro de un elemento a nivel de bloque, ____ _____ se usa para agrupar uno o más elementos a nivel de bloque:

a. <iframe>.

b. <noframes>.

c. <frameset>.

d. <div>.

e. <span>.

f. Todas las respuestas son falsas.

7. Podemos utilizar la etiqueta _____ para añadir características visuales distintivas a nivel de bloque de texto en los documentos HTML:

a. <iframe>.

b. <noframes>.

c. <frameset>.

d. <div>.

e. <span>.

f. Todas las respuestas son falsas.

Bloque II
Imágenes y elementos multimedia

7. Inserción de imágenes: formatos y atributos

Contenidos

7.1. Incluir imágenes en las páginas

Para insertar una imagen en una página HTML debemos utilizar la etiqueta <img>. Esta etiqueta tiene dos atributos requeridos: *src* y *alt*.

NOTA: En realidad las imágenes no se insertan en la página HTML, lo que se hace es establecer un enlace a esa imagen dentro del código HTML.

7.2. Atributos de las imágenes. Propiedades de ubicación de las imágenes

Atributo	Valor	Descripción
alt	text	Especifica un texto alternativo para una imagen
crossorigin	• anonymous • use-credentials	Permite que las imágenes de sitios de terceros pueden ser accedidas con canvas
height	píxeles	Especifica el alto de una imagen
ismap	ismap	Especifica una imagen como en el servidor de mapas de imagen
longdesc	URL	Especifica una URL para una descripción detallada de una imagen
src	URL	Especifica la URL de una imagen: puede ser absoluta o relativa
usemap	#mapname	Especifica una imagen como en el cliente de imagen de mapa
width	píxeles	Especifica el ancho de una imagen
srcset	Lista de una o más cadenas	Cada cadena está compuesta por: 1. URL de la imagen 2. Opcionalmente, espacios en blanco seguidos de: • Un ancho, que es un entero positivo seguido directamente por 'w'. El ancho está dividido por el tamaño de la fuente dada en el atributo **sizes** para calcular la densidad del píxel • Densidad del píxel, un positivo decimal seguido directamente de 'x'
sizes	Lsta de una o más cadenas	Cada tamaño de la fuente consiste en: 1. Condición de medios. Debe omitirse en el último ítem 2. Valor del tamaño

```
<!DOCTYPE html>
<html lang="es">
<head>
    <meta charset="UTF-8">
    <title>Página Web</title>
</head>
<body>
<img src="logo.jpg" alt="logo de la empresa" width="42"
height="42">
</body>
</html>
```

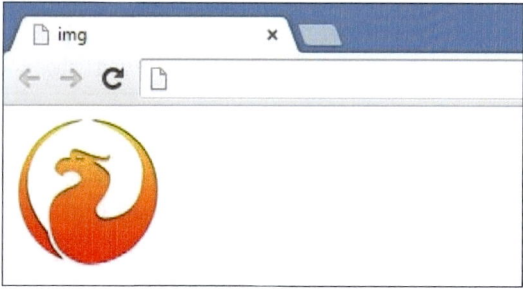

Figura 7.1. Etiqueta <img>.

Si el navegador no encuentra la imagen, se mostrará el texto alternativo "alt".

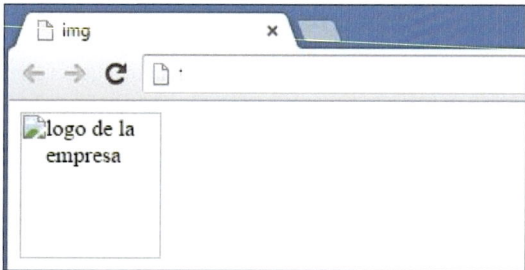

Figura 7.2. Atributo *alt*.

Se recomienda utilizar estilos CSS para establecer el ancho y el alto de una imagen, puesto que evita la deformación del tamaño original de una imagen.

```
<!DOCTYPE html>
<html lang="es">
<head>
    <meta charset="UTF-8">
    <title>img</title>
    <style>
        img {
            width: 100%;
        }
    </style>
</head>
<body>
    <h1>Imagen con width y height</h1>
<img src="logo.png" alt="logo de la empresa" width="128px"
height="128px">
<h1> Imagen con estilo CSS</h1>
<img src="logo.png" alt="logo de la empresa" style="width:
128px;height:128px;">
</body>
</html>
```

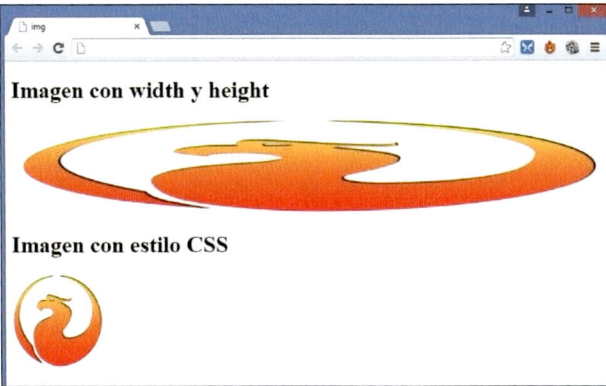

Figura 7.3. Diferencias de presentación.

PRÁCTICA 7.1. *Busca en la web al menos 3 imágenes e insértalas en nuestra práctica utilizando los diversos atributos que se han visto para las imágenes.*

7.3. Imágenes *responsive*

Podemos incluir imágenes *responsive* (es decir, imágenes que se adaptan automáticamente a cualquier dispositivo y pantalla) en nuestros documentos HTML mediante la combinación de las etiquetas **<srcset>** y **<sizes>**.

Vamos a ver un ejemplo:

```
<!DOCTYPE html>
<html lang="es">
<head>
    <meta charset="UTF-8">
    <title>Página Web</title>
</head>
<body>
    <img srcset="foto800w.jpg 800w, foto1200w.jpg 1200w"
    sizes="(max-width:900px) 800px, 1200px"
    src="foto1200w.jpg"
    alt="foto responsive" />
</body>
</html>
```

En este caso si la resolución es menor de 900 px mostrará por pantalla "foto800w.jpg", en caso de ser mayor de 900 px mostrará "foto1200w.jpg".

Figura 7.4. Imagen de 800 px.

Figura 7.5. Imagen de 1200 px.

Como puede apreciarse, al cambiar la resolución se ha cambiado la imagen; esto nos facilita mucho construir web con diseño *responsive*.

PRÁCTICA 7.2. *Busca 2 imágenes, una con mayor resolución que la otra y mediante el uso de **srcset** y **sizes** haz una página donde cambie la imagen mostrada en función del tamaño de la pantalla del navegador.*

7.4. Elemento PICTURE

El elemento **picture** proporciona soporte nativo para imágenes *responsive*. Se utiliza junto con <source> e <img>, tratando las imágenes que serán cargadas de forma diferente de acuerdo a las propiedades del dispositivo donde se reproduzca.

A continuación, se muestra un ejemplo, similar al anterior (srcset), para ilustrar el elemento **picture.**

```
<!DOCTYPE html>
<html lang="es">
<head>
    <meta charset="UTF-8">
    <title>Página Web</title>
</head>
<body>
   <picture>
     <source media="(max-width: 900px)" srcset="foto800w.
jpg">
     <img src="foto1200w.jpg" alt="foto responsive" />
   </picture>
</body>
</html>
```

NOTA: Los resultados obtenidos son los mismos que en el ejemplo anterior.

PRÁCTICA 7.3. *Con las 2 imágenes de la práctica anterior, repite el proceso en este caso utilizando el elemento PICTURE.*

Autoevaluación

1. La etiqueta que nos permite insertar imágenes en una página web es:
   a. <audio>.
   b. <vídeo>.
   c. <map>.
   d. <img>.
   e. Todas las respuestas son correctas.
   f. Todas las respuestas son falsas.

2. La ruta de la imagen que introducimos en el parámetro **src** de la etiqueta <img> debe ser:
   a. Relativa al documento, es decir, indicamos dicha ruta partiendo de nuestro documento.
   b. Absoluta, es decir, independiente del sitio en que nos encontremos.
   c. Las dos respuestas anteriores son correctas.
   d. No existe el parámetro src dentro de <img>.

3. ¿Qué elemento proporciona soporte nativo para imágenes *responsive*?
   a. <img>.
   b. <movie>.
   c. <picture>.
   d. <ismap>.
   e. Todas las respuestas son falsas.

4. Cuando usamos el elemento <img>, generalmente el atributo **srcset** va estrechamente unido al atributo:
   a. picture.
   b. sizes.
   c. width.
   d. Todas las respuestas son correctas.

8. Mapas de imágenes

Contenidos

8.1. Definición de mapa

Un mapa de imagen es una imagen que contiene una o más áreas invisibles llamadas zonas activas. Cada una está asociada a un hipervínculo. Normalmente la imagen ofrece al usuario pistas visuales sobre la información que está disponible al hacer clic en cada parte de la imagen.

Para ello nos vamos a servir de dos etiquetas <map> y <área>:

- La etiqueta <map> se usa para definir un mapa de imagen del lado del cliente. Un mapa de imagen es una imagen con zonas en las que podemos hacer clic.

- El atributo requerido **name** del elemento <map> está asociado al atributo **usemap** de <img> y crea una relación entre la imagen y el mapa.

- El elemento mapa contiene un número de elementos <area> que definen las zonas en las que podemos hacer clic en el mapa de imagen. El elemento <área> irá siempre dentro de una etiqueta <map>.

Atributo	Valor	Descripción
alt	texto	Especifica un texto alternativo para el área. Requerido si está presente el atributo **href**
coords	coordenadas	Especifica las coordenadas del área
download	nombre del fichero	Especifica que el destino será descargado cuando un usuario haga clic en el hipervínculo
href	URL	Especifica el hipervínculo destino del área
hreflang	código de lenguaje	Especifica el lenguaje de la URL destino
media	media query	Especifica para qué dispositivo/medio la URL destino está optimizada
rel	<ul><li>alternate</li><li>autor</li><li>bookmark</li><li>help</li><li>license</li><li>next</li><li>nofollow</li><li>noreferrer</li><li>prefetch</li><li>prev</li><li>search</li><li>tag</li></ul>	Especifica la relación existente entre el documento actual y la URL destino

Atributo	Valor	Descripción
shape	• default • rect • circle • poly	Especifica la forma del área
target	• _blank • _parent • _self • _top • framename	Especifica dónde se abrirá la URL de destino
type	media_type	Especifica el tipo de medio de la URL de destino

8.2. Creación de un mapa con una imagen. Establecer y vincular las diferentes partes de la imagen

Para la elaboración del ejemplo partimos de la siguiente imagen:

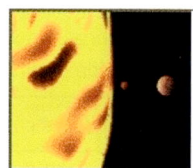

Figura 8.1. Imagen de partida.

Donde aparece en primer plano (ocupando la parte izquierda de la imagen) el Sol, y después los planetas Mercurio y Venus. En el mapa de imagen haremos un rectángulo para el Sol, y dos círculos para Mercurio y Venus.

```
<!DOCTYPE html>
<body>
<p>Haga clic en el Sol o unos de los planetas para más
información:</p>
<img src="planetas.gif" width="145" height="126" alt="Planetas"
usemap="#mapa">
<map name="mapa">
  <area shape="rect" coords="0,0,82,126" alt="El Sol" href="sol.
  html">
```

```
  <area shape="circle" coords="90,58,3" alt="Mercurio"
  href="mercurio.html">
  <area shape="circle" coords="124,58,8" alt="Venus" href="venus.
  html">
</map>
</body>
</html>
```

Figura 8.2. Mapa de imagen.

Si nos situamos sobre el Sol o cualquiera de los planetas veremos cómo el símbolo del apuntador del ratón cambia indicando que ahí hay un enlace.

PRÁCTICA 8.1. *Crea una página web con un mapa de imagen de forma similar a como se ha visto en este apartado.*

Autoevaluación

1. La etiqueta que nos permite crear un mapa de imágenes en una página web es:
   a. \<audio>.
   b. \<vídeo>.
   c. \<map>.
   d. \<img>.
   e. Todas las respuestas son correctas.
   f. Todas las respuestas son falsas.

2. Las formas permitidas en el elemento map son:
   a. Círculo.
   b. Rectángulo.
   c. Polígono.
   d. Todas las respuestas son correctas.

3. La ubicación exacta de un área en un map se establece con el parámetro:
   a. Shape.
   b. Coords.
   c. Alt.
   d. Href.

4. La forma que tiene un área en un map se establece con el parámetro:
   a. Shape.
   b. Coords.
   c. Alt.
   d. Href.

5. El enlace referenciado en área de un map, se establece con el parámetro:
   a. Shape.
   b. Coords.
   c. Alt.
   d. Href.

9. Inserción de elementos multimedia: audio, vídeo y programas

Contenidos

9.1. Características y propiedades de los elementos multimedia

HTML5 presenta muchos recursos nuevos en una variedad de áreas. Una de las novedades más destacadas es la presencia de etiquetas integradas multimedia para audio y vídeo, que hará mucho más atractivas y vistosas nuestras webs.

9.2. Recursos necesarios para el funcionamiento de los elementos multimedia

Como hemos visto estas nuevas etiquetas multimedia han llegado con HTML5, por tanto, los recursos necesarios serán poseer un navegador en el equipo que sea compatible con HTML5. A lo largo del capítulo veremos los distintos formatos y los navegadores (y versiones) con los que son compatibles.

Por supuesto queda el hecho de que para poder escuchar estos elementos multimedia de nuestras web, necesitamos tener unos altavoces en el equipo del cliente.

9.3. Etiquetas y propiedades para inserción de elementos multimedia (audio, vídeo y programas)

HTML5 incorpora etiquetas nuevas que nos sirven para integrar contenido multimedia en nuestras páginas web:

- **audio**: para insertar sonidos en nuestra web.
- **vídeo**: para insertar vídeos.
- **embed**: para integrar contenido externo de otro tipo, como el proporcionado por diversos *plugins* disponibles actualmente o en el futuro.
- **source**: permite especificar varias fuentes diferentes cuando se insertan elementos de audio y vídeo.
- **track**: permite especificar varias pistas de sonido o vídeo para los elementos de audio y vídeo.

Estas nuevas etiquetas multimedia forman parte de la especificación de HTML5 y permiten integrar (o empotrar) archivos de audio y vídeo en sitios en Internet, sin necesidad de utilizar *plugins* adicionales como Flash, Java o Silverlight (no disponibles en los navegadores desde hace años).

9.4. Elemento AUDIO de HTML5. Formatos

El nuevo elemento <audio> permite el uso de diferentes formatos de archivo, puesto que los que soportan los diversos navegadores no son parte del estándar, sino que dependen de la implementación de cada fabricante.

Esta tabla sirve para comprobar qué formatos soportan los navegadores más usados de forma nativa:

Navegador	WAV PCM	MP3	MP4 AAC	ADTS AAC	Ogg Vorbis	WebM Vorbis	Ogg Opus	WebM Opus
Google Chrome	SÍ	SÍ	SÍ	SÍ	9	SÍ	25	SÍ
Microsoft Edge	SÍ	9	9	SÍ	SÍ	SÍ	SÍ	SÍ
Mozilla Firefox	3.5	Depende del S.O.	Depende del S.O.	NO	3.5	4.0	15.0	28.0
Opera	11.00	Depende del S.O.	Depende del S.O.	NO	10.50	10.60	14	SÍ
Safari	3.1	3.1	SÍ	SÍ	Instalación manual	NO	NO	NO

Incorporar un archivo de audio en HTML5 es muy simple:

```
<!DOCTYPE html>
<head>
    <meta charset="utf-8" />
    <title>audio en HTML5</title>
</head>
<body>
    <audio src="archivo.mp3"> </audio>
</body>
</html>
```

Como sucede con las etiquetas de HTML5 lo que se encuentre entre las etiquetas audio solo será tenido en cuenta por navegadores que soporten la nueva etiqueta.

El ejemplo anterior es extremadamente simple; la etiqueta audio ofrece más posibilidades.

Atributo	Valor	Descripción
autoplay	autoplay	El audio iniciará su reproducción tan pronto como esté disponible
controls	controls	Los controles de audio se mostrarán (botones: *play*, pausa, etc.)
loop	loop	El audio se repetirá sucesivamente al finalizar la canción
muted	muted	La salida de audio se silencia
preload	• auto • metadata • none	Especifica si (o no) y cómo reproducir el audio al cargar la página
src	URL	Indica la dirección URL del fichero de audio

```
<!DOCTYPE html>
<head>
    <meta charset="utf-8" />
    <title>audio en HTML5</title>
</head>
<body>
    <audio src="archivo.mp3" autoplay="autoplay"
loop="loop" controls="controls"> </audio>
</body>
</html>
```

Figura 9.1. Audio en HTML.

PRÁCTICA 9.1. *Partiendo de una canción en formato mp3 (si no tenemos ninguna, podemos descargar música sin* copyright *de la web https://www.fiftysounds. com/es/), mediante el uso del elemento audio crea una web que incluya un reproductor para dicha canción; deben mostrarse los controles de audio.*

9.4.1. Configuración de los recursos de audio. Especificar más de un formato de archivo a la vez

Aunque el formato MP3 está ampliamente extendido desde hace muchos años, no es un formato abierto y está ligado a patentes. Las tecnologías que decodifican archivos MP3 deben pagar una tasa.

Eso es posible para grandes empresas como Apple, Microsoft o Google, pero no lo es para los grupos de código abierto y *software* libre o las empresas pequeñas. Safari, IE y Chrome pueden reproducir archivos MP3 sin problemas, sin embargo, ese no es el caso de Firefox o de Opera (aunque Opera puede hacerlo a través de FFmpeg).

Existen otros formatos abiertos como Vorbis que no requieren de patentes para ser utilizados. Firefox, Opera y Chrome lo soportan de forma nativa, IE y Safari no. Además, existe una forma de definir más de un archivo de audio en diferentes formatos utilizando únicamente una etiqueta audio para ello. En lugar de usar el atributo **src** en la etiqueta de apertura, se pone la etiqueta <source> para poder definir múltiples archivos:

```html
<!DOCTYPE html>
<head>
    <meta charset="utf-8" />
    <title>audio en HTML5</title>
</head>
<body>
    <audio controls>
        <source src="archivo.ogg" type="audio/ogg">
        <source src="archivo.mp3" type="audio/mpeg">
        Su navegador no soporta audio.
    </audio>
</body>
</html>
```

Figura 9.2. Audio con varios <sources>.

Los navegadores que puedan reproducir archivos Ogg Vorbis no buscarán más allá de la primera etiqueta <source>, mientras que los que no lo soporten, avanzarán hasta la siguiente etiqueta. De esta manera, se pueden considerar las necesidades de todos los usuarios sin discriminar a ningún navegador. A pesar de que el atributo *type* no es obligado, es conveniente utilizarlo siempre y, así, ayudar a los navegadores.

PRÁCTICA 9.2. *Convierte la canción de la práctica anterior a Ogg. Podemos usar la web https://www.zamzar.com/es/convert/mp3-to-ogg/, muestra un reproductor de dicha canción por pantalla (con controles) de forma similar a la práctica anterior.*

9.4.2. Navegadores que no cumplan con los estándares

NOTA: El uso de Flash se abandonó por completo en el año 2021, siendo dicho complemento eliminado de los sistemas operativos que había en el momento y en los que han aparecido con posterioridad.

Por tanto, su uso está totalmente desaconsejado, pudiendo utilizarse en sistemas operativos antiguos (sin soporte), utilizando el complemento de Flash (Adobe Flash Player), mediante el uso de navegadores obsoletos (ya que los modernos no son compatibles con este plugin) y con fines educativos, de testeo o para reproducir contenido residual en Flash alojado en Internet.

Una vez que tengamos en cuenta lo expuesto anteriormente, existe una forma de ofrecer esos archivos de audio utilizando Flash. Como se ha indicado antes, cualquier elemento que se encuentre entre la apertura y cierre de las etiquetas audio será tenido en cuenta solo por navegadores que no soporten aún la nueva especificación, por lo que se puede utilizar Flash para este fin, o proporcionar un enlace directo para aquellos navegadores que no soporten ni la nueva especificación, ni Flash utilizando la etiqueta <object>:

```
<!DOCTYPE html>
<head>
    <meta charset="utf-8" />
    <title>audio en HTML5</title>
</head>
<body>
<audio controls>
<source src="archivo.ogg" type="audio/ogg" />
<source src="archivo.mp3" type="audio/mpeg" />
<object type="application/x-shockwave-flash" data="player.
swf?soundFile=archivo.mp3">
<param name="movie" value="player.swf?soundFile=archivo.
mp3" />
<a href="archivo.mp3">Descarga el archivo de audio</a>
```

```
</object>
</audio>
</body>
</html>
```

9.5. Elemento VÍDEO de HTML5. Formatos

Con el aumento del ancho de banda, los contenidos de vídeo han ido aumentando de forma vertiginosa hasta convertirse en uno de los contenidos más visitados y demandados de la red. Como ejemplo de esto tenemos YouTube, utilizado por millones de usuarios. Incluso la mayoría de las televisiones emiten también su programación vía *streaming* en Internet.

Hasta hace poco tiempo la forma por excelencia de reproducir vídeo a través de un navegador era mediante el *plugin* de Flash.

Usar el *plugin* de Flash no es la única vía, se podía usar también Silverlight, QuickTime, o Real Player.

Todo ha cambiado con la llegada de HTML5. Las especificaciones del estándar HTML5 incorporan la nueva etiqueta <vídeo> con la que se pueden integrar archivos de vídeo de forma nativa en nuestras web sin necesidad de *plugins* adicionales.

En la actualidad existen 3 formatos de vídeo soportados por la etiqueta <vídeo> de HTML5: MP4, WebM y Ogg. Esta tabla sirve para comprobar qué formatos soportan los navegadores más usados de forma nativa:

Navegador	Theora (Ogg)	H.264 (MP4)	VP8 (WebM)	VP9 (Ogg)
Microsoft Edge	SÍ	SÍ	SÍ	SÍ
Google Chrome	SÍ	SÍ	SÍ	SÍ
Mozilla Firefox	SÍ	SÍ	SÍ	SÍ
Safari	Instalación manual	SÍ	NO	NO
Opera	SÍ	SÍ	SÍ	SÍ

El elemento vídeo es muy parecido al elemento audio; también dispone de los atributos **autoplay loop** y **preload**.

Atributo	Valor	Descripción
autoplay	autoplay	Especifica que el vídeo iniciará su reproducción tan pronto como esté disponible
controls	controls	Especifica que los controles de vídeo se mostrarán (botones *play*, pausa, etc.)

Atributo	Valor	Descripción
height	píxeles	Establece la altura del reproductor de vídeo
loop	loop	Especifica que el vídeo se iniciará de nuevo cuando la reproducción finalice
muted	muted	Especifica que la salida de audio del vídeo debe silenciarse
poster	URL	Define una imagen representativa para el vídeo para que sea mostrada al navegador como portada del elemento antes de la reproducción
preload	• Auto • Metadata • none	Especifica si (o no) y cómo debe ser cargado el vídeo al cargar la página
src	URL	Especifica la dirección URL del fichero de vídeo
width	píxeles	Establece la anchura del reproductor de vídeo

```
<!DOCTYPE html>
<head>
    <meta charset="utf-8" />
    <title>vídeo en HTML5</title>
</head>
<body>
    <vídeo src="archivo.mp4" controls width="360"
height="240">
</vídeo>
</body>
</html>
```

Figura 9.3. Vídeo en HTML5.

9.5.1. Configuración de los recursos de vídeo. Multiformato

Como siempre y para no marginar a ningún navegador, se pueden especificar diferentes archivos en diferentes formatos para que todos ellos puedan reproducir el contenido:

```html
<!DOCTYPE html>
<head>
    <meta charset="utf-8" />
    <title>vídeo en HTML5</title>
</head>
<body>
<vídeo controls width="360" height="240" poster="poster.
jpg">
<source src="archivo.ogv" type="vídeo/ogg" />
<source src="archivo.mp4" type="vídeo/mp4" />
</vídeo>
</body>
</html>
```

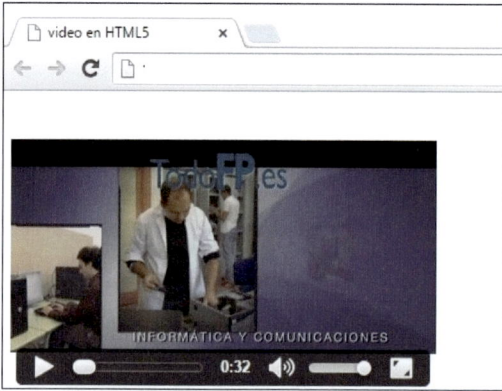

Figura 9.4. Vídeo con <sources>.

Como ocurre con el elemento audio, no es necesario especificar el atributo **type,** pero es siempre recomendable.

PRÁCTICA 9.5. *Convierte el vídeo anterior de mp4 a ogv y muestra de nuevo un reproductor con dicho vídeo. Para convertir el vídeo mp4 a ogv podemos usar la web: https://convertio.co/es/mp4-ogv/.*

9.5.2. Navegadores no compatibles con los estándares

NOTA: Antes de continuar con este apartado se recomienda leer las notas del epígrafe "9.4.2 Navegadores que no cumplan con los estándares", sobre el uso de Flash.

Se puede utilizar el mismo sistema que se empleó con el elemento audio para seguir dando soporte a lo que pronto serán navegadores obsoletos y añadir el *plugin* de Flash a través de la etiqueta <object>:

```
<!DOCTYPE html>
<head>
    <meta charset="utf-8" />
    <title>vídeo en HTML5</title>
</head>
<body>
<vídeo controls width="360" height="240" poster="poster.jpg">
<source src="archivo.ogv" type="vídeo/ogg" />
<source src="archivo.mp4" type="vídeo/mp4" />
<object type="application/x-shockwave-flash" width="360" height="240" data="player.swf?file=archivo.mp4">
<param name="movie" value="player.swf?file=archivo.mp4" />
</object>
</vídeo>
</body>
</html>
```

Autoevaluación

1. La etiqueta que nos permite insertar sonidos en una página web es:
   a. <audio>.
   b. <vídeo>.
   c. <map>.
   d. <img>.
   e. Todas las respuestas son correctas.
   f. Todas las respuestas son falsas.

2. La etiqueta que nos permite insertar vídeos en una página web es:
   a. <audio>.
   b. <vídeo>.
   c. <map>.
   d. <img>.
   e. Todas las respuestas son correctas.
   f. Todas las respuestas son falsas.

3. De los siguientes formatos, cuáles son de audio:
   a. Mp3 y Mp4.
   b. Mp4 y Ogg.
   c. Mp3 y Ogg.
   d. Mp4 y Ogv.

4. De los siguientes formatos, cuáles son de vídeo:
   a. Mp3 y Mp4.
   b. Mp4 y Ogg.
   c. Mp3 y Ogg.
   d. Mp4 y Ogv.

5. Las etiquetas audio y vídeo aparecen en la versión de HTML:

   a. HTML 4.01.

   b. HTML 3.

   c. HTML 5.

   d. HTML no soporta ni audio ni vídeo.

10. Marquesinas

Contenidos

El elemento <marquee> se usa para insertar un *scroll* en un área de texto.

10.1. Los textos con movimiento. Atributos de <marquee>

Los atributos de esta etiqueta son:

Atributo	Valor	Descripción
behavior	• scroll (defecto) • slide • alternate	Establece cómo hace *scroll* el texto de la marquesina
bgcolor	• nombre del color (inglés) • valor hexadecimal	Establece el color de fondo
direction	• left (defecto) • right • up • down	Establece la dirección del *scroll* de la marquesina
height	• píxeles • porcentaje	Establece la altura de la marquesina
hspace	• píxeles • porcentaje	Establece el margen horizontal
loop	• -1 (defecto) • Número positivo	Establece el número de veces que la marquesina hará *scroll*. Si no se establece valor o se establece a -1 (valor por defecto) la marquesina hará *scroll* de forma continua
scrollamount	píxeles	Establece la cantidad de desplazamiento en cada intervalo en píxeles. El valor por defecto es 6
scrolldelay	Número	Establece el intervalo entre cada movimiento de desplazamiento en milisegundos. El valor predeterminado es 85. Cualquier valor menor que 60 es ignorado y el valor 60 se usa en su lugar, a menos que se especifique **truespeed**
truespeed	truespeed	Por defecto, valores inferiores a 60 en **scrolldelay** son ignorados. Si **truespeed** está presente, sí se tienen en cuenta esos valores
vspace	• píxeles • porcentaje	Establece el margen vertical
width	• píxeles • porcentaje	Establece el ancho

10.2. Controladores de eventos

Evento	Descripción
onbounce	Se activa cuando la marquesina ha llegado al final de su posición de desplazamiento. Solo se puede utilizar con el atributo **behavior** en **alternate**
onfinish	Se activa cuando la marquesina ha terminado la cantidad de desplazamiento que se establece por el atributo **loop**. Solo se puede utilizar cuando el atributo **loop** tiene un valor mayor que 0
onstart	Se activa cuando la marquesina empieza a oscilar

10.3. Métodos

Método	Descripción
start	Inicia el desplazamiento de la marquesina
stop	Detiene el desplazamiento de la marquesina

10.4. Utilización de las etiquetas para incluir marquesinas

```html
<!DOCTYPE html>
<html lang="es">
  <head>
    <meta charset="UTF-8" />
    <title>Página Web</title>
  </head>
  <body>
    <marquee><h1>Este texto va de derecha a izquierda</h1></marquee>

    <marquee direction="up"
      ><h2>Este texto se desplazará de abajo hacia arriba</h2>
    </marquee>
```

```
    <marquee
      direction="down"
      width="250"
      height="200"
      behavior="alternate"
      style="border: solid"
    >
      <marquee behavior="alternate"> Este texto rebota </
marquee>
    </marquee>
  </body>
</html>
```

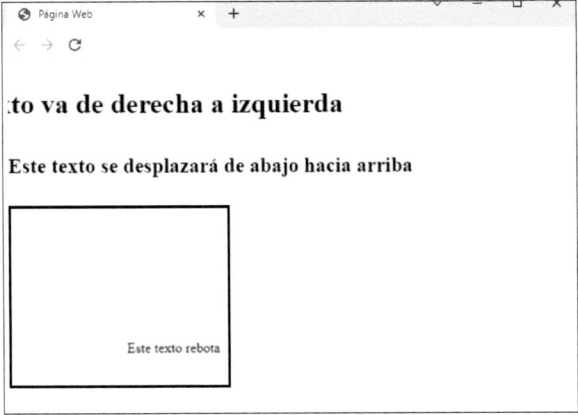

Figura 10.1. Etiqueta <marquee>.

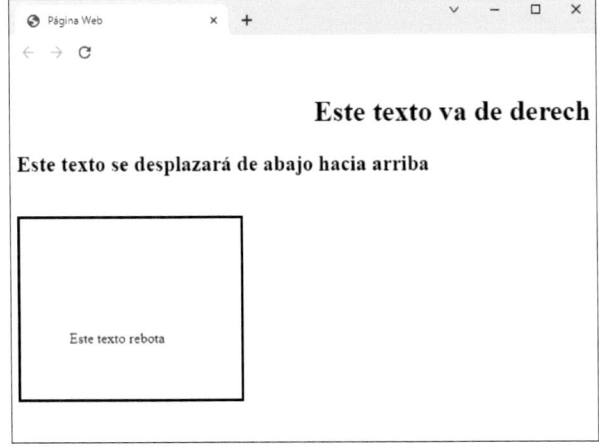

Figura 10.2. Etiqueta <marquee>.

10.5. Las marquesinas y los distintos navegadores

El elemento de marquesina fue inventado por Microsoft Internet Explorer y cuenta todavía con el apoyo de esta. Navegadores web Firefox, Opera, Chrome y Safari soportan la compatibilidad con dicha etiqueta.

El estándar HTML no lo soporta. Este efecto se puede lograr mediante el uso de JavaScript o animaciones en CSS3.

PRÁCTICA 10.1. *Crea una web que incorpore varias marquesinas con diversos desplazamientos de forma similar a como se ha visto en este apartado.*

Autoevaluación

1. Para hacer que el texto o imagen se mueva de forma similar a los créditos de una película de cine debemos utilizar la etiqueta <marquee> con el atributo **behavior:**

   a. scroll.

   b. slide.

   c. alternate.

   d. Todas las respuestas son correctas.

   e. Todas las respuestas son falsas.

2. El elemento marquesina fue inventado por:

   a. Apple.

   b. Microsoft.

   c. Google.

   d. Mozilla.

   e. Todas las respuestas son correctas.

3. Podemos establecer un color de fondo de la marquesina con el atributo:

   a. behavior.

   b. bgcolor.

   c. direction.

   d. height.

   e. hspace.

4. Podemos establecer cómo hace *scroll* la marquesina con el atributo:

   a. behavior.

   b. bgcolor.

   c. direction.

   d. height.

   e. hspace.

5. Podemos establecer la dirección de la marquesina con el atributo:

   a. behavior.

   b. bgcolor.

   c. direction.

   d. height.

   e. hspace.

Bloque III
Técnicas de accesibilidad y usabilidad

11. Accesibilidad web, ventajas de la accesibilidad

Contenidos

11.1. Definición y aplicabilidad de la accesibilidad

Cuando los sitios web están diseñados pensando en la accesibilidad, todos los usuarios pueden acceder en condiciones de igualdad a los contenidos. Por ejemplo, cuando un sitio tiene un código XHTML semánticamente correcto, se proporciona un texto equivalente alternativo a las imágenes, y a los enlaces se les da un nombre significativo, esto permite a los usuarios ciegos utilizar lectores de pantalla o líneas braille para acceder a los contenidos. Cuando los vídeos disponen de subtítulos, los usuarios con dificultades auditivas podrán entenderlos plenamente. Si los contenidos están escritos en un lenguaje sencillo e ilustrados con diagramas y animaciones, los usuarios con dislexia o problemas de aprendizaje están en mejores condiciones de entenderlos.

Si el tamaño del texto es lo suficientemente grande, los usuarios con problemas visuales pueden leerlo sin dificultad. De igual modo, el tamaño de los botones o las áreas activas adecuado puede facilitar su uso a los usuarios que no pueden controlar el ratón con precisión. Si se evitan las acciones que dependan de un dispositivo concreto (pulsar una tecla, hacer clic con el ratón) el usuario podrá escoger el dispositivo que más le convenga.

Lo mencionado en los párrafos anteriores se puede resumir en pautas de accesibilidad; estas pautas explican cómo hacer accesibles los contenidos de la web a personas con discapacidad. Las pautas están pensadas para todos los diseñadores de contenidos de la web y para los diseñadores de herramientas de creación. El fin principal de estas pautas es promover la accesibilidad.

Estas pautas son una especificación del W3C que proporciona una guía sobre la accesibilidad de los sitios de la web para las personas con discapacidad. Han sido desarrolladas por la Iniciativa de accesibilidad en la web (WAI) del W3C.

11.2. Limitaciones

Las limitaciones en la accesibilidad de los sitios web pueden ser:

- **Visuales:** en sus distintos grados, desde la baja visión a la ceguera total, además de problemas para distinguir colores (daltonismo).

- **Motrices**: dificultad o la imposibilidad de usar las manos, incluidos temblores, lentitud muscular, etc., debido a enfermedades como el párkinson, distrofia muscular, parálisis cerebral, amputaciones, entre otras.

- **Auditivas**: sordera o deficiencias auditivas.

- **Cognitivas**: dificultades de aprendizaje (dislexia, discalculia, etc.) o discapacidades cognitivas que afecten a la memoria, la atención, las habilidades lógicas, etc.

A las personas con discapacidad podemos añadir el conjunto de personas de la tercera edad, ya que las carencias y problemas de los medios físicos, así como muchas veces el contenido, hacen que estas personas se encuentren también en riesgo de infoexclusión.

11.3. Problemas de accesibilidad

Las principales dificultades con las que se encuentra la persona con discapacidad suelen ser de:

- **Manejo de terminales**: los teléfonos, ordenadores, cajeros automáticos y televisión digital la mayoría de las veces no están diseñados y colocados, prestando atención a las necesidades de las personas con discapacidad. En el caso de los cajeros, la variedad de terminales es muy grande, por lo que se debe buscar seguir la tendencia a reducirlos y acceder a todos los servicios a través de unos pocos.

- **Interacción con las interfaces**: los menús, barras de navegación y botones no suelen ser accesibles desde una variedad de terminales adaptados.

- **Acceso a los contenidos**: los contenidos a los que se tiene acceso desde un mismo dispositivo son cada vez mayores y este rápido crecimiento no suele atender las necesidades específicas de la discapacidad.

11.4. Características de un sitio accesible

Un sitio web accesible es:

- **Transformable**: la información y los servicios deben ser accesibles para todos y deben poder ser utilizados con todos los dispositivos de navegación.

- **Comprensible**: contenidos claros y simples.

- **Navegable**: mecanismos sencillos de navegación.

11.5. Ayudas técnicas

Las ayudas técnicas, también llamadas tecnologías de apoyo, son los dispositivos empleados por las personas con discapacidad para prevenir, compensar, mitigar o neutralizar la discapacidad que poseen.

Las siguientes son algunas de las tecnologías de apoyo que usan los usuarios discapacitados para navegar por la web:

- Un programa lector de pantalla, que puede leer usando síntesis de voz los elementos que se muestran en el monitor (de gran ayuda para los usuarios con dificultades de aprendizaje o lectura), o que puede leer todo lo que está pasando en el PC (utilizado por los usuarios ciegos y de visión reducida).

- Líneas braille, que consiste en un dispositivo *hardware* que convierte el texto en caracteres braille.

- Un programa magnificador de pantalla que amplía lo que se muestra en el monitor de la computadora, haciéndolo más fácil de leer para los usuarios de visión reducida.

Eldy es un *software* que convierte cualquier computadora personal o PC estándar en un equipo fácil de usar para las personas que nunca han usado una computadora antes.

11.6. Pautas de accesibilidad web

El máximo organismo dentro de la jerarquía de Internet que se encarga de promover la accesibilidad es el World Wide Web Consortium (W3C), en especial su grupo de trabajo Web Accessibility Initiative (WAI). En 1999 el WAI publicó la versión 1.0 de sus pautas de accesibilidad web. Con el paso del tiempo se han convertido en un referente internacionalmente aceptado. En diciembre del 2008 las WCAG 2.0 fueron aprobadas como recomendación oficial.

¿Por qué son necesarias estas pautas?

Las personas con diferentes tipos de discapacidad pueden experimentar dificultades para utilizar la web debido a la combinación de barreras en la información de las páginas web, con las barreras de las "aplicaciones de usuario" (navegadores, dispositivos multimedia o ayudas técnicas). Estas pautas tienen relación específicamente con la reducción de barreras en las páginas web. (Egea, 2006).

Estas pautas se dividen en tres bloques:

- Pautas de accesibilidad al contenido en la web (**WCAG**): están dirigidas a los webmasters e indican cómo hacer que los contenidos del sitio web sean accesibles.

- Pautas de accesibilidad para herramientas de autor (**ATAG**): están dirigidas a los desarrolladores del *software* que usan los *webmasters,* para que estos programas faciliten la creación de sitios accesibles.

- Pautas de accesibilidad para agentes de usuario (**UAAG**): están dirigidas a los desarrolladores de agentes de usuario (navegador y similar) para que estos programas faciliten a todos los usuarios el acceso a los sitios web.

11.7. Ventajas de la accesibilidad web

11.7.1. Facilidad de acceso y mejoras en la navegación

Los principales beneficios que ofrece la accesibilidad web son:

- **Aumenta el número de potenciales visitantes de la página web**: esta es una razón muy importante para una empresa que pretenda captar nuevos clientes. Cuando una página web es accesible no presenta barreras que dificulten su acceso, independientemente de las condiciones del usuario. Una página web que cumple los estándares es más probable que se visualice correctamente en cualquier dispositivo con cualquier navegador.

- **Disminuye los costes de desarrollo y mantenimiento**: aunque inicialmente aprender a hacer una página web accesible supone un coste (igual que supone un coste aprender a utilizar cualquier tecnología nueva), una vez se tienen los conocimientos, el coste de desarrollar y mantener una página web accesible es menor que frente a una no accesible, ya que una página web accesible es una página bien hecha, menos propensa a contener errores y más sencilla de actualizar.

- **Reduce el tiempo de carga de las páginas web y la carga del servidor web**: al separar el contenido de la información sobre la presentación de una página web mediante CSS se logra reducir el tamaño de las páginas web y, por tanto, se reduce el tiempo de carga de las páginas web.

- **Aumenta la usabilidad de la página web**: esto también implica, indirectamente, que la página podrá ser visualizada desde cualquier navegador.

- Demostramos que **nos implicamos socialmente**.

- **Aumenta el capital humano de las comunidades de aprendizaje potenciando la inteligencia colectiva**.

11.7.2. Independencia de la plataforma

Debemos intentar desarrollar nuestras páginas web de forma independiente de la plataforma y/o navegador que el cliente vaya a utilizar, es decir, debe ser accesible sin tener en cuenta sistema operativo, *hardware* y navegador utilizado para dicho acceso. En la medida de lo posible también debe ser independiente de resoluciones, intensidades de color, fuentes, etc.

Si nuestra página está bien desarrollada deberá ajustarse y permanecer accesible para cualquier navegador (incluido Lynx) en cualquier plataforma.

Dos herramientas de utilidad para los autores, durante la evaluación de la independencia de plataforma de un sitio, son Web Page Purifier (http://www.delorie.com/web/purify.html) y Web Page Backward Compatibility Viewer (http://www.delorie.com/web/wpbcv.html).

Autoevaluación

1. Los principales problemas que se encuentra una persona con discapacidad suelen ser:
   a. Manejo de terminales.
   b. Interacción con interfaces.
   c. Acceso a los contenidos.
   d. Todas las respuestas son correctas.
   e. Todas las respuestas son falsas.

2. Las limitaciones de accesibilidad de los sitios web pueden ser:
   a. Visuales.
   b. Motrices.
   c. Auditivas.
   d. Cognitivas.
   e. Todas las respuestas son correctas.
   f. Todas las respuestas son falsas.

3. Las_____, también llamadas tecnologías de apoyo, son los dispositivos empleados por las personas con discapacidad para prevenir, compensar, mitigar o neutralizar la discapacidad que poseen.
   a. Pantallas de plasma.
   b. Ayudas técnicas.
   c. Tecnologías blancas.
   d. Ayudas a la navegación.
   e. Todas las respuestas son correctas.
   f. Todas las respuestas son falsas.

4. Un sitio web accesible es:
   a. Transformable.
   b. Comprensible.
   c. Navegable.
   d. Todas las respuestas son correctas.
   e. Todas las respuestas son falsas.

5. Algunas tecnologías de apoyo a los usuarios discapacitados para navegar por la web son:

   a. Lector de pantalla.

   b. Líneas braille.

   c. Magnificador de pantalla.

   d. Todas las respuestas son correctas.

   e. Todas las respuestas son falsas.

6. Las pautas de accesibilidad al contenido en la web se conocen también como:

   a. ATAG.

   b. WCAG.

   c. WGAC.

   d. UAAG.

7. Las pautas de accesibilidad para herramientas de autor se conocen también como:

   a. ATAG.

   b. WCAG.

   c. WGAC.

   d. UAAG.

8. Las pautas de accesibilidad para agentes de usuario se conocen también como:

   a. ATAG.

   b. WCAG.

   c. WGAC.

   d. UAAG.

12. Usabilidad web, importancia de la usabilidad

Contenidos

12.1. Definición de usabilidad

La usabilidad se refiere a la facilidad con que las personas pueden utilizar una herramienta particular o cualquier otro objeto fabricado por humanos con el fin de alcanzar un objetivo concreto. La usabilidad también puede referirse al estudio de los principios que hay tras la eficacia percibida de un objeto. La usabilidad es un término que no forma parte del diccionario de la Real Academia Española (RAE), aunque es bastante habitual en el ámbito de la informática y la tecnología.

En interacción persona-ordenador, la usabilidad se refiere a la claridad y la elegancia con que se diseña la interacción con un programa de ordenador o un sitio web. El término también se usa a menudo en el contexto de productos como la electrónica de consumo o en áreas de comunicación, y en objetos que transmiten conocimiento (por ejemplo, un libro de recetas o un documento de ayuda en línea). También puede referirse al diseño eficiente de objetos mecánicos como, por ejemplo, un manubrio o un martillo.

El grado de usabilidad de un sistema es, por su parte, una medida empírica y relativa de la usabilidad del mismo. Se mide a partir de pruebas empíricas y relativas.

- **Empírica** porque no se basa en opiniones o sensaciones, sino en pruebas de usabilidad realizadas en laboratorio u observadas mediante trabajo de campo.

- **Relativa** porque el resultado no es ni bueno ni malo, sino que depende de las metas planteadas (por lo menos el 80 % de los usuarios de un determinado grupo o tipo definido deben poder instalar con éxito el producto X en N minutos sin más ayuda que la guía rápida) o de una comparación con otros sistemas similares.

El concepto de usabilidad se refiere a una aplicación (informática) de *software* o un aparato (*hardware*), aunque también puede aplicarse a cualquier sistema hecho con algún objetivo particular.

El modelo conceptual de la usabilidad, proveniente del diseño centrado en el usuario, no está completo sin la idea de utilidad. En inglés, utilidad + usabilidad es lo que se conoce como *usefulness.*

12.2. Interacción web-individuo

En términos generales, podríamos decir que es la disciplina que estudia el intercambio de información mediante *software* entre las personas y las computadoras.

Esta se encarga del diseño, evaluación e implementación de los aparatos tecnológicos interactivos, estudiando el mayor número de casos que les pueda llegar a afectar. El objetivo es que el intercambio sea más eficiente: minimizar errores, incrementar la satisfacción, disminuir la frustración y, en definitiva, hacer más productivas las tareas que rodean a las personas y los computadores.

Aunque la investigación en este campo es muy complicada, la recompensa, una vez conseguido el objetivo de búsqueda, es muy gratificante. Es muy importante diseñar sistemas que sean efectivos, eficientes, sencillos y amenos a la hora de utilizarlos, dado que la sociedad disfrutará de estos avances. La dificultad viene dada por una serie de restricciones y por el hecho de que en ocasiones se tienen que hacer algunos sacrificios. La recompensa sería la creación de librerías digitales donde los estudiantes pueden encontrar manuscritos medievales virtuales de hace centenares de años; los utensilios utilizados en el campo de la medicina, como uno que permita a un equipo de cirujanos conceptualizar, alojar y monitorizar una compleja operación neurológica; los mundos virtuales para el entretenimiento y la interacción social, servicios del gobierno eficientes y receptivos, que podrían ir desde renovar licencias en línea hasta el análisis de un testigo parlamentario; o bien teléfonos inteligentes que saben dónde están y cuentan con la capacidad de entender ciertas frases en un idioma. Los diseñadores crean una interacción con mundos virtuales integrándolos con el mundo físico.

13.3. Aplicabilidad de la usabilidad

Se infieren los principios básicos en los que se basa la usabilidad:

- **Facilidad de aprendizaje**: facilidad con la que nuevos usuarios desarrollan una interacción efectiva con el sistema o producto. Está relacionada con la predictibilidad, síntesis, familiaridad, la generalización de los conocimientos previos y la consistencia.

- **Facilidad de uso**: facilidad con la que el usuario hace uso de la herramienta, con menos pasos o más naturales a su formación específica. Guarda relación con la eficacia y eficiencia de la herramienta.

- **Flexibilidad**: relativa a la variedad de posibilidades con las que el usuario y el sistema pueden intercambiar información. También abarca la posibilidad de diálogo, la multiplicidad de vías para realizar la tarea, similitud con tareas anteriores y la optimización entre el usuario y el sistema.

- **Robustez:** es el nivel de apoyo al usuario que facilita el cumplimiento de sus objetivos. Está relacionada con la capacidad de observación del usuario, de recuperación de información y de ajuste de la tarea al usuario.

En informática, la usabilidad está muy relacionada con la accesibilidad, hasta el punto de que algunos expertos consideran que una forma parte de la otra o viceversa. Uno de estos expertos y gurú de la usabilidad en los entornos web es Jakob Nielsen, quien definió la usabilidad en el 2003 como "un atributo de calidad que mide lo fáciles de usar que son las interfaces web".

Otra definición clarificadora es la de Redish (2000), para quien es preciso diseñar sitios web para que los usuarios sean capaces de "encontrar lo que necesitan, entender lo que encuentran y actuar apropiadamente… dentro del tiempo y esfuerzo que ellos consideran adecuado para esa tarea".

La usabilidad por lo tanto se dirige a conseguir el objetivo de satisfacer más a los usuarios, con un sitio web más eficaz y eficiente.

Fuera del ámbito informático, la usabilidad está más relacionada con la ergonomía y los factores humanos.

La ergonomía parte de los principios del diseño universal o diseño para todos. La buena ergonomía puede lograrse mediante el diseño centrado en el usuario (que no necesariamente dirigido por él), aunque se emplean diversas técnicas. El diseñador de ergonomía proporciona un punto de vista independiente de las metas de la programación porque el papel del diseñador es actuar como defensor del usuario. Por ejemplo, tras interactuar con los usuarios, el diseñador de ergonomía puede identificar necesidades funcionales o errores de diseño que no hayan sido anticipados.

La ergonomía incluye consideraciones como:

- ¿Quiénes son los usuarios, cuáles son sus conocimientos, y qué pueden aprender?

- ¿Qué quieren o necesitan hacer los usuarios?

- ¿Cuál es la formación general de los usuarios?

- ¿Cuál es el contexto en el que el usuario está trabajando?

- ¿Qué debe dejarse a la máquina? ¿Y al usuario?

Las respuestas a estas preguntas pueden conseguirse realizando análisis de usuarios y tareas al principio del proyecto.

Otras consideraciones incluyen:

- ¿Pueden los usuarios realizar fácilmente sus tareas previstas? Por ejemplo, ¿pueden los usuarios realizar las tareas previstas a la velocidad esperada?

- ¿Cuánta preparación necesitan los usuarios?

- ¿Qué documentación u otro material de apoyo están disponible para ayudar al usuario? ¿Puede este hallar las respuestas que buscan en estos medios?

- ¿Cuáles y cuántos errores cometen los usuarios cuando interactúan con el producto?

- ¿Puede el usuario recuperarse de los errores? ¿Qué han de hacer los usuarios para recuperarse de los errores? ¿Ayuda el producto a los usuarios a recuperarse de los errores? Por ejemplo, ¿muestra el *software* mensajes de errores informativos o amenazantes?

- ¿Se han tomado medidas para cubrir las necesidades especiales de los usuarios con discapacidades? (Es decir, ¿se ha tenido en cuenta la accesibilidad?).

Ejemplos de técnicas para hallar respuesta a estas y otras cuestiones pasan por el análisis de requisitos enfocado al usuario, construcción de perfiles de usuarios y pruebas de usabilidad.

12.3.1. Reglas de usabilidad web

Existen 5 reglas que, adaptadas a una web, determinan si se puede considerar a una web como "usable".

1. **Rápidez** - Las páginas deben cargarse en una media de 4 segundos. Los usuarios esperarán una media de 10 segundos en ver el contenido de una página web. Nuestras páginas deben ser lo menos pesadas posibles para que los usuarios no esperen mucho tiempo, de lo contrario cancelarán la visita.

2. **Simplicidad** - Mantener una navegación constante. No forzar a los visitantes a aprender diversos caminos o esquemas para la navegación en diversas partes del sitio. No abusar de la utilización de la animación, dado que puede abrumar y cansar la vista.

3. **Investigable** - Los motores de búsqueda buscan el texto real. No prestan ninguna atención a los gráficos y al código de programación (como JavaScript). Conviene evitar estas situaciones si se desea que la web esté bien posicionada en los buscadores.

4. **Para la mayoría** - Los sitios web necesitan ser compatibles con todos los navegadores y ordenadores para su fácil usabilidad. Coviene utilizar

HTML simple y llano siempre que sea posible, ya que es el código más compatible con todos los navegadores.

5. Mantenerlo **actualizado** - La manera más rápida para que una web pierda credibilidad es que contenga la información anticuada.

12.4. Beneficios de la usabilidad

Entre los principales beneficios se encuentran:

- Reducción de los costes de aprendizaje y esfuerzos.

- Disminución de los costes de asistencia y ayuda al usuario.

- Disminución en la tasa de errores cometidos por el usuario y del retrabajo.

- Optimización de los costes de diseño, rediseño y mantenimiento.

- Aumento de la tasa de conversión de visitantes a clientes de un sitio web.

- Aumento de la satisfacción y comodidad del usuario.

- Mejora la imagen y el prestigio.

- Mejora la calidad de vida de los usuarios, ya que reduce su estrés, incrementa la satisfacción y la productividad.

12.5. Recursos sobre usabilidad

La usabilidad es una disciplina que hasta hace muy poco prácticamente no se estudiaba en ningún centro. En Internet podemos encontrar muchos contenidos acerca de la experiencia de usuario. A continuación, se presentan algunos de ellos:

- Webs de recursos: vienen bien para iniciados, principiantes y gente que quiere especializarse. Algunas de estas web son: Boxes & Arrows (http://boxesandarrows.com/), UX Matters (http://www.uxmatters.com/), UX Design (http://uxdesign.com/) y UX Booth (http://www.uxbooth.com/).

- Expertos en experiencia de usuario: podemos obtener mucha información de los expertos en UX. Algunos de ellos son: Jakob Nielsen (http://www.nngroup.com/articles/), Jared Spool (http://www.uie.com/jared-live/) y Luke Wroblewski (http://www.lukew.com/). En España, destacan principalmente Yussef Hassan Montero y Francisco Jesús Martín Fernández (http://www.nosolousabilidad.com/) .

- Web con librerías: hay elementos comunes a una web (menús, formularios, búsquedas, etc.). En estas webs podremos encontrar material para utilizarlo en nuestras páginas. Ejemplos de estas webs son: webUI Patterns (http://ui-patterns.com/patterns) o Mobile Patterns (http://www.mobile-patterns.com/).

Autoevaluación

1. El grado de usabilidad de un sistema es una medida:
   a. Empírica.
   b. Relativa.
   c. Las dos respuestas anteriores son correctas.
   d. Todas las repuestas son falsas.

2. Los principios básicos en los que se basa la usabilidad son:
   a. Facilidad de aprendizaje.
   b. Facilidad de uso.
   c. Flexibilidad.
   d. Robustez.
   e. Todas las anteriores son correctas.
   f. Todas las repuestas son falsas.

3. Las principales reglas que adaptadas a una web se puede considerar como "usable" son:
   a. Rapidez.
   b. Simplicidad.
   c. Investigable.
   d. Para la mayoría.
   e. Actualizado.
   f. Todas las repuestas anteriores son correctas.

4. Beneficios de la usabilidad:
   a. Reducir costes de aprendizaje y esfuerzos.
   b. Reducir costes de asistencia y ayuda al usuario.
   c. Reducir tasa de errores cometidos por los usuarios.
   d. Aumento de la comodidad del usuario.
   e. Todas las repuestas anteriores son correctas.

5. La ergonomía incluye consideraciones como:

    a. Quiénes son los usuarios.

    b. Cuáles son los conocimientos de los usuarios.

    c. Cuál es la formación general de los usuarios.

    d. Cuál es el contexto.

    e. Todas las repuestas anteriores son correctas.

6. Qué se conoce como *userfulness*:

    a. Utilidad + facilidad.

    b. Sencillez + diseño.

    c. Utilidad + usabilidad.

    d. Sencillez + usabilidad.

    e. Todas las repuestas anteriores son falsas.

13. Aplicaciones para verificar la accesibilidad de sitios web (estándares)

Contenidos

13.1. Recursos web de estándares

Con esta idea de accesibilidad nace la Iniciativa de accesibilidad web, conocida como WAI (Web Accessibility Initiative). Se trata de una actividad desarrollada por el W3C, cuyo objetivo es facilitar el acceso de las personas con discapacidad, desarrollando pautas de accesibilidad, mejorando las herramientas para la evaluación y reparación de accesibilidad web, llevando a cabo una labor educativa y de concienciación en relación a la importancia del diseño accesible de páginas web, y abriendo nuevos campos en accesibilidad a través de la investigación en esta área.

Para hacer el contenido web accesible, se han desarrollado las denominadas pautas de accesibilidad al contenido en la web (WCAG), cuya función principal es guiar el diseño de páginas web hacia un diseño accesible, reduciendo de esta forma barreras a la información. **WCAG 1.0** consiste en 14 pautas que proporcionan soluciones de diseño y que utilizan como ejemplo situaciones comunes en las que el diseño de una página puede producir problemas de acceso a la información. Las pautas contienen, además, una serie de puntos de verificación que ayudan a detectar posibles errores.

Cada punto de verificación está asignado a uno de los tres niveles de prioridad establecidos por las pautas.

- **Prioridad 1:** son aquellos puntos que un desarrollador web tiene que cumplir, ya que, de otra manera, ciertos grupos de usuarios no podrían acceder a la información del sitio web.

- **Prioridad 2:** son aquellos puntos que un desarrollador web debería cumplir, ya que, si no fuese así, sería muy difícil acceder a la información para ciertos grupos de usuarios.

- **Prioridad 3:** son aquellos puntos que un desarrollador web debería cumplir, ya que, de otra forma, algunos usuarios experimentarían ciertas dificultades para acceder a la información.

En función a estos puntos de verificación se establecen los niveles de conformidad:

- Nivel de conformidad "**A**": todos los puntos de verificación de prioridad 1 se satisfacen.

- Nivel de conformidad "**Doble A**": todos los puntos de verificación de prioridad 1 y 2 se satisfacen.

- Nivel de conformidad "**Triple A**": todos los puntos de verificación de prioridad 1, 2 y 3 se satisfacen.

Las pautas describen cómo hacer páginas web accesibles sin sacrificar el diseño, ofreciendo esa flexibilidad que es necesaria para que la información sea accesible bajo diferentes situaciones y proporcionando métodos que permiten su transformación en páginas útiles e inteligibles.

El 11 de diciembre de 2008 el Consorcio World Wide Web consiguió aprobar finalmente —tras largos años de discusiones, y modificaciones— las **WCAG 2.0.**

Uno de los cambios más importantes que conlleva la nueva normativa es su aplicación a todo tipo de contenido en la web, no solo los documentos HTML. Más claramente que nunca, con las nuevas pautas de accesibilidad al contenido de la web todos los documentos colgados en Internet son susceptibles de ser valorados en cuanto a su accesibilidad. Archivos Adobe PDF, presentaciones Microsoft PowerPoint, y documentos Microsoft Word, los formatos más habituales para documentos en Internet, van a tener que cumplir los cuatro principios de accesibilidad: perceptible, operable, comprensible y robusto.

Las WCAG 2.0 se organizan en torno a 4 principios teóricos que buscan garantizar el acceso a los contenidos. Cada uno de estos principios se desglosa después en pautas que describen cómo concretar estos principios en requerimientos. Finalmente, en cada pauta se describen uno o más criterios de éxito que faciliten comprobar su cumplimiento.

- El **primer principio,** y el que afecta principalmente a los documentos digitales, afirma que el contenido debe ser "perceptible", es decir, "visible" a uno o más sentidos de cualquier persona, aunque esta sea una persona invidente o con baja visión.

- El **segundo principio** afirma que el contenido debe ser "operable", es decir, que cualquier usuario pueda realizar la interacción necesaria para actuar con él. Si aplicamos este principio a los documentos más habituales de administraciones y grandes empresas veremos que, en general, la interacción se limita a los formularios y a la navegación (interna por las diferentes partes del documento, y externa con vínculos a otros recursos de la red).

- El **tercer principio** afirma que el contenido debe ser "comprensible", tanto en lo refrente a la información como a la interacción. Aunque afecta de lleno a los documentos digitales, este será uno de los principios más difíciles de cumplir y de evaluar, pues entre el público objetivo de las pautas se encuentran personas con discapacidades de aprendizaje, como, por ejemplo, dislexia o personas con limitaciones cognitivas. Veremos de todas maneras que las WCAG establecen unos criterios mínimos para su cumplimiento.

- Finalmente, el **cuarto principio** se ocupa de que el contenido sea "robusto", es decir, suficientemente descrito para poder ser leído con distintos lectores y con distintas tecnologías de asistencia ahora y en el futuro. En algunos casos, para verificar el cumplimiento real de este objetivo deberemos usar nosotros mismos los lectores o las tecnologías de asistencia para comprobar su buen funcionamiento con nuestros documentos.

Las pautas:

- **Alternativas textuales al contenido no-textual**: el texto es la morfología de información más manipulable: se puede convertir a voz con un sintetizador de voz automático, se puede ampliar, se puede cambiar de color... por ello la primera de las pautas requiere que imágenes (sobre todo), pero también gráficos y quizá tablas complejas se ofrezcan de forma alternativa en texto.

- **Adaptable**: el texto es la morfología de información más manipulable: se puede convertir a voz con un sintetizador de voz automático, se puede ampliar, se puede cambiar de color… por ello la primera de las pautas requiere que imágenes (sobre todo), pero también gráficos y quizá tablas complejas se ofrezcan de forma alternativa en texto.

- **Distinguible**: las personas con baja visión y algunas discapacidades cognitivas no perciben el color, requieren contrastes altos o textos de mayor tamaño. Por ello se pide en esta pauta que el color no se use como único medio de transmitir significado, que haya un contraste mínimo entre primer plano y fondo, que se pueda ampliar el texto y que no se use texto puesto como imagen.

- **Accesible con teclado:** algunas tecnologías de ayuda no pueden ejecutar comandos del ratón como desplazamientos, doble clic, etc., por ello se requiere que se pueda interactuar con el contenido mediante teclado.

- **Navegable:** si tenemos en cuenta que una persona con problemas de visión tarda de 2 a 3 veces el tiempo que una persona sin problemas en leer un documento, o que una persona con dislexia sufre una gran fatiga al leer documentos largos, entenderemos que nuestros documentos deben proveer mecanismos para saltar, avanzar, retroceder, y "navegar" por el documento con agilidad. El caso de las tablas requiere especial mención, pues, aunque son muy útiles para presentar mucha información de forma compacta, presentan grandes dificultades para discapacidades de visión, cognitivas e incluso motrices. Además, ninguno de los formatos habituales facilita la indicación de cabeceras y relaciones dentro de las tablas. Debe, pues, reflexionarse mucho sobre su correcto uso y en no pocos casos será recomendable crear dos versiones de un documento con mucha información factual: uno con tablas, más usable para el usuario medio, y otro documento sin tablas, con la información en listas o simplificada, más accesible.

- **Legible**: aunque este es uno de los aspectos más necesarios para que un documento sea usable y accesible, su difícil comprobación ha provocado una más que modesta inclusión en las pautas.

- **Compatible**: el contenido debe ser el más compatible posible con las tecnologías actuales y futuras. Para lograrlo, las WCAG requieren que los documentos con marcas estructurales sean válidos, y que cualquier elemento de interacción tenga un nombre, un rol y un valor detectables mediante *software*. El primer criterio es aplicable a todos los formatos estudiados; en cambio, el segundo no aplica a los documentos típicos, pues está pensado para los controles creativos de las *Rich Internet Applications* (RIA); tanto en Word como en PDF, los controles suelen estar asociados a los formularios y están muy estandarizados.

La **Sección 508** del **Acta de los Americanos con Discapacidad** entró en vigor el 21 de junio de 2001.

A modo de resumen podemos citar, de la propia Sección 508, el siguiente párrafo que explica su objetivo primordial:

"… La Sección 508 exige que cuando las agencias federales desarrollen, adquieran, mantengan, o usen tecnología electrónica y para la información deben asegurarse de que las tecnologías electrónicas y para la información permiten a los empleados federales con discapacidad tener acceso a y usar la información y datos de manera similar al acceso y uso a la información y datos que tienen los empleados federales que no son personas con discapacidad, a menos que constituya una carga excesiva impuesta a la agencia. La Sección 508 exige que cuando las agencias federales desarrollen, adquieran, mantengan o usen tecnología electrónica y para la información deben asegurarse de que las tecnologías electrónicas y para la información permiten a los empleados federales con discapacidad tener acceso a y usar la información y datos de manera similar al acceso y uso a la información y datos que tienen los empleados federales que no son personas con discapacidad, a menos que constituya una carga excesiva impuesta a la agencia".

13.2. Utilización de los recursos en las páginas web

A continuación, se indican algunas pautas que habrá que considerar a la hora de utilizar los recursos en nuestras páginas web:

- Intentar ajustar el orden de los elementos dentro de una línea visual que vaya de izquierda a derecha y de arriba abajo, para mantener la jerarquía visual de la verticalidad.

- Conviene empezar con la conclusión o novedad y continuar con el contexto y los detalles. Ej. Las noticias periodísticas.

- Comprobar que existe suficiente contraste entre el color del texto y el color de fondo de pantalla, y procurar usar siempre fondos de color blanco o colores claros (como gris, crema, colores pastel, etc.), y nunca colores vivos.

- Usar tipografías "sans serif" o sin serifa, que no llevan ningún tipo de terminación. Este tipo de tipografías facilitarán la lectura a personas con dislexia o con dificultades lectoras.

- Procurar no basar la información solamente en el color, o las personas con problemas visuales, como puede ser con daltonismo, tendrán dificultades para comprender dicha información.

13.3. Comprobar la accesibilidad en las páginas web. Herramientas

Las herramientas de revisión automática de la accesibilidad comprueban si se cumplen los puntos de verificación de las pautas de accesibilidad que se pueden evaluar de forma automática. Una herramienta de este tipo nunca puede sustituir la revisión que realiza un experto en accesibilidad web, por lo que se deben emplear como un primer paso, pero no el único. Algunas herramientas comprueban las pautas y puntos de verificación de WCAG 1.0, WCAG 2.0 y Sección 508. La mayoría de las herramientas están disponibles como servicios gratuitos *online,* aunque hay algunas que se pueden descargar y ejecutar en local.

- **Accessibility check**: herramienta *online* que usa un subconjunto de WCAG 1.0. https://www.accessibilitychecker.org/.

- **AccessMonitor**: herramienta *online* que permite revisar WCAG 1.0 y WCAG 2.0. Permite revisar una página publicada en Internet o subir o pegar directamente su código HTML. También revisa los puntos de verificación uno a uno y ofrece una puntuación del 1 al 10. https://accessmonitor.acessibilidade.gov.pt/.

- **AChecker**: herramienta *online* que permite revisar BITV, Sección 508, WCAG 1.0 y WCAG 2.0 al mismo tiempo. Además, también permite validar el código HTML y CSS. Permite revisar una página publicada en

Internet o subir o pegar directamente su código HTML. https://achecks.
org/achecker/

- **Cynthia Says**: revisa WCAG 1.0 y Sección 508. También analiza la calidad de los textos alternativos de las imágenes. http://www.cynthiasays.com/

- **eXaminator**: herramienta *online* que evalúa la aplicación de las pautas de accesibilidad en los contenidos HTML y CSS de una página, usa como referencia WCAG 2.0 y califica el resultado final en una escala de 1 a 10. http://examinator.ws/

- **Functional Accessibility Evaluator**: herramienta *online* que realiza una revisión funcional de la accesibilidad web. Si el usuario se registra (de forma gratuita) tiene acceso a más opciones como evaluar todo un sitio web o grabar los resultados. http://fae.cita.uiuc.edu/

- **TAW**: revisa WCAG 1.0, 2.0 y mobileOK. Dispone de versión *online* para descargar y como complemento para Mozilla Firefox. http://www.tawdis.net/

- **Total Validator**: revisa el código XHTML, la accesibilidad web y los enlaces rotos. Dispone de una versión gratuita para descargar para Windows, OS X, Linux y como extensión de Mozilla Firefox, y otra versión profesional de pago. http://www.totalvalidator.com/

- **WAVE**: herramienta *online* que revisa la accesibilidad de una página web y muestra el resultado sobre la propia página. También disponible como complemento para Mozilla Firefox y extensión para Adobe Dreamweaver. http://wave.webaim.org/

Autoevaluación

1. Aquellos puntos que un desarrollador web tiene que cumplir, ya que, de otra manera, ciertos grupos de usuarios no podrían acceder a la información del sitio web, se llaman:

    a. Prioridad 1.

    b. Prioridad 2.

    c. Prioridad 3.

    d. Priorato.

    e. Todas las respuestas anteriores son falsas.

2. Aquellos puntos que un desarrollador web debería cumplir, ya que, si no fuese así, sería muy difícil acceder a la información para ciertos grupos de usuarios, se llaman:

    a. Prioridad 1.

    b. Prioridad 2.

    c. Prioridad 3.

    d. Priorato.

    e. Todas las respuestas anteriores son falsas.

3. Aquellos puntos que un desarrollador web debería cumplir, ya que, de otra forma, algunos usuarios experimentarían ciertas dificultades para acceder a la información, se llaman:

    a. Prioridad 1.

    b. Prioridad 2.

    c. Prioridad 3.

    d. Priorato.

    e. Todas las respuestas anteriores son falsas.

4. ¿Es conveniente usar tipografías "sans serif" o sin serifa, que no llevan ningún tipo de terminación?

    a. Sí.

    b. No.

5. ¿Es necesario comprobar que existe suficiente contraste entre el color del texto y el color de fondo de pantalla?

   a. Sí.

   b. No.

6. ¿Conviene empezar con la conclusión o novedad y continuar con el contexto y los detalles?

   a. Sí.

   b. No.

7. ¿Las herramientas de revisión automática de la accesibilidad comprueban si se cumplen los puntos de verificación de las pautas de accesibilidad que se pueden evaluar de forma automática?

   a. Sí.

   b. No.

14. Diseño de sitios web usables

Contenidos

14.1. Descripción y estudio de la estructura y diseño de los sitios web usables

Jakob Nielsen, considerado el padre de la usabilidad, la definió como el atributo de calidad que mide lo fáciles de usar que son las interfaces web. Es decir, un sitio web usable es aquel en el que los usuarios pueden interactuar de la forma más fácil, cómoda, segura e inteligentemente posible.

No solo la tecnología y el aspecto gráfico son factores determinantes para hacer un sitio web llamativo. Es importante que cumpla con las siguientes características:

- Entendible.

- Novedoso.

- Comprensible.

- Inteligente.

- Atractivo.

Es decir, la finalidad, en este caso de un sitio web, es lograr que el usuario encuentre lo que busca en el menor tiempo posible.

La usabilidad de un sitio web está determinada por sus contenidos; cuanto más cercanos estén al usuario, mejor es la navegación por el mismo y más acertada será la experiencia al enfrentarse a la pantalla.

Lógicamente es imposible crear un sitio web ciento por ciento perfecto y en óptimas condiciones, pues no se puede agradar al mismo tiempo a millones de usuarios. Sin embargo, los diseñadores y creadores deben tratar de mostrar todos los elementos de una manera clara y concisa, minimizando el número de clics y de *scroll*.

En ocasiones los cibernautas se enfrentan a sitios web de altísima calidad y contenido, pero que presentan dificultades en su contenido. Por ejemplo, que los menús son de difícil ubicación, o que la herramienta de búsqueda no aparece en un lugar visible.

Aunque no hay estándares definidos para la usabilidad, depende en cierta forma del espacio donde se desenvuelve el navegante, lo importante en este caso es que el usuario no se deje consumir ni dominar por el sitio, es decir, que sea él mismo el que tome el control de la navegación por medio de un aprendizaje sencillo y el dominio de los elementos necesarios, para encontrar finalmente, y en el menor tiempo posible, lo que busca.

Un buen sitio web debe responder a las necesidades del usuario. En una comunidad virtual, donde confluyen diferentes culturas e intereses, el contexto en el que se desenvuelven los miembros de un grupo virtual, o comunidad, no puede generar molestias en el momento de la navegación.

Un error recurrente de los creadores y diseñadores de sitios web, es querer imponer sus decisiones y criterios sin pensar en el usuario. Por eso, en el momento de diseñar el sitio e introducir contenidos, siendo esta última labor de los editores, y no de los diseñadores, es importante pensar en el otro.

14.2. Diseño claro

Debemos tener en cuenta que debemos ofrecer un diseño claro, sencillo y ordenado. El usuario debe encontrar de forma rápida lo que busca en nuestra página.

Debemos estructurar nuestra página para que el usuario no deba pasar por más de 3 clics para llegar a su objetivo. Cuando más rápido sea el camino, más fácil será que el usuario permanezca en nuestra página.

14.3. Llamadas a la acción

Debemos incluir llamadas a la acción en nuestra página para dirigir a los usuarios a las secciones que nos interese. Hay que considerar que los enlaces deben ser atractivos y deben destacar sobre el resto de la página.

Deben situarse en zonas bien visibles y es importante que sean cortas e incluyan palabras orientadas a la acción.

14.4. Diseño *responsive*

Muchas de las conexiones que se harán a nuestra web serán desde dispositivos móviles; de hecho, que el diseño de una web sea *responsive* es un referente a la hora del posicionamiento SEO (optimización para los buscadores de Internet) de los buscadores.

Debemos favorecer la experiencia de usuario. Por tanto, nuestra web debe adaptarse y poder visualizarse de forma correcta en cualquier dispositivo que acceda a ella.

14.5. Tiempo de carga

El tiempo de carga es un factor muy importante tanto para el posicionamiento SEO como para mantener los visitantes en nuestra web. Se habla de la regla de los 10 segundos, que indica que, si tu web no carga en un máximo de 10 segundos, muchos usuarios la abandonarán o volverán atrás.

Por tanto, debemos reducir y optimizar el tiempo de carga para evitar este abandono y conseguir que los visitantes se queden en nuestra página.

14.6. Buscador y menú

Debemos integrar un buscador en nuestra web para que así sea más fácil encontrar el contenido deseado por parte de los visitantes.

También debe incluir un menú, donde se recogerá todo el contenido, presentando una estructura adecuada para que el usuario sepa qué va a encontrar a la hora de dirigirse a cada una de las secciones de dicho menú.

Autoevaluación

1. ¿Quién es considerado el padre de la usabilidad?
   a. Bill Gates.
   b. Steve Jobs.
   c. Philips Anderson.
   d. Jakob Nielsen .
   e. Linus Torvalds.

2. El tiempo de carga no influye en una web:
   a. Efectivamente, ya que la mayoría de los dispositivos que se conectan es a través de red de fibra o conexiones 5G.
   b. Al contrario, es determinante para que el usuario no abandone nuestro sitio web.
   c. Las dos respuestas anteriores son correctas.
   d. Las webs no tienen tiempo de carga.

3. Si queremos mejorar el posicionamiento SEO debemos tener en cuenta:
   a. Utilizar diseño *responsive*.
   b. Hacer que el tiempo de carga de la página sea lo más corto posible.
   c. Las dos respuestas anteriores son correctas.
   d. No existe el posicionamiento SEO.

4. Es preferible un diseño claro y despejado, frente a uno condensado y complejo:
   a. No, ya que es mejor presentar todo el contenido de la web en una sola página y todo bien condensado.
   b. Sí, ya que será más fácil para el visitante encontrar lo que busca en nuestra página.
   c. Las dos respuestas anteriores son correctas.

5. ¿Qué es la usabilidad?

   a. Mide lo fácil que es una interfaz web.

   b. Mide lo difícil que es una interfaz web.

   c. Las dos respuestas anteriores son correctas.

   d. No existe la usabilidad.

15. Adaptación a sitios usables

Contenidos

15.1. Utilización de los sitios web usables

Mi sitio web no es usable, entonces, ¿qué debo hacer para corregir problemas de usabilidad en mi página web?

15.2. Inspeccionar problemas de usabilidad móvil en Google

Esta web https://www.google.com/webmasters/tools/mobile-friendly/ contiene una "Prueba de optimización para móviles" de Google desde la que podemos ver en qué medida nuestra web está o no optimizada para móviles.

Figura 15.1. https://www.google.com/webmasters/tools/mobile-friendly/.

Si nuestra web tiene un diseño optimizado para móviles nos aparecerá la siguiente pantalla:

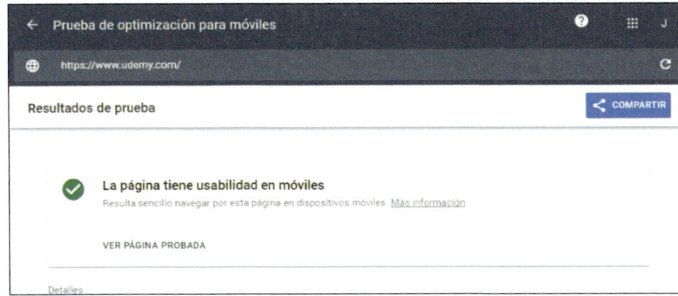

Figura 15.2. Prueba de optimización para móviles.

En caso contrario nos aparecerá otra pantalla indicando que el sitio no está optimizado y presentado los problemas de accesibilidad móvil encontrados.

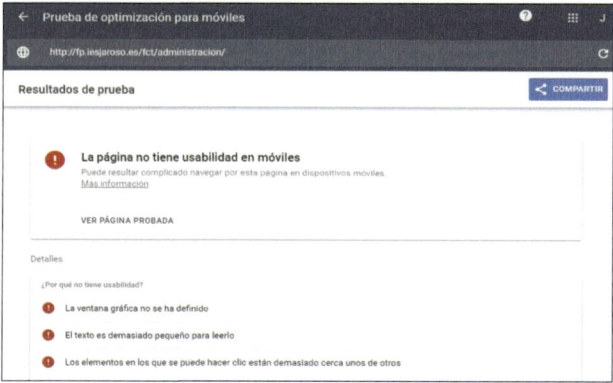

Figura 15.3. Prueba de optimización para móviles.

Desde esta herramienta Google nos indica la forma de optimizar nuestro sitio para dispositivos móviles, dependiendo de si está creada a partir de un gestor CMS, si está creado con un código personalizado de terceros o a partir de un código personalizado propio.

15.3. Información acerca del diseño optimizado para móviles

Google nos proporciona un enlace con información acerca del diseño optimizado para móviles: https://web.dev/. En este enlace tenemos información muy completa sobre cómo diseñar, estructurar, planificar y configurar un entorno de una web multidispositivo.

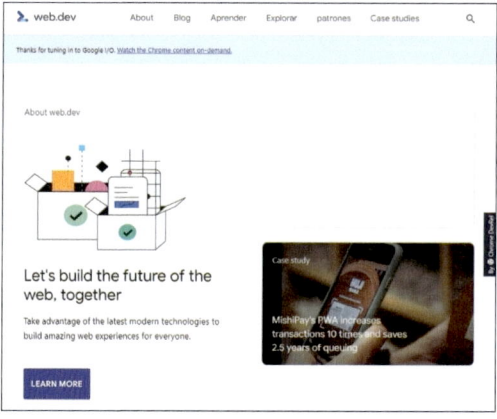

Figura 15.4. Google Web Fundamentals.

15.4. Corrección de los problemas de usabilidad móvil

Para ayudarnos a corregir los problemas de usabilidad en móviles, Google proporciona una guía para móviles en la que tenemos también un enlace a la prueba de optimización para móviles que hemos visto en el primer apartado https://developers.google.com/webmasters/mobile-sites/?hl=es.

Figura 15.5. Sitios web optimizados para móviles.

15.5. Otras consideraciones sobre usabilidad

Además de las consideraciones que hemos hecho hasta ahora orientadas a la usabilidad móvil, podemos añadir algunos aspectos más genéricos (no solo orientados a las plataformas móviles):

- Los enlaces y botones deben diferenciarse bien del resto de elementos.
- Nuestra web debe tener espacios amplios y los diseños deben ser limpios.
- Los colores deben estar en sintonía con la imagen de la marca, y combinados entre sí con coherencia.
- La información más importante debe aparecer primero.
- No escribir líneas de texto demasiado largas (no más de 100 caracteres por línea).

Autoevaluación

1. La prueba de optimización para móviles es una herramienta desarrollada por:
   a. Microsoft.
   b. Google.
   c. Apple.
   d. Mozilla.
   e. Todas las respuestas anteriores son falsas.

2. Google proporciona una web con información del diseño optimizado para móviles, la página es:
   a. https://mobile.dev.
   b. http://web.dev.
   c. https://dev.web.
   d. https://dev.mobile.

3. Aspectos sobre usabilidad:
   a. Los enlaces y botones deben diferenciarse del resto.
   b. Deben tener espacios amplios y limpios.
   c. Primero debe aparecer la información más importante.
   d. Todas las respuestas anteriores son correctas.
   e. Todas las respuestas anteriores son falsas.

Bloque IV
Herramientas de edición web

16. Instalación y configuración de herramientas de edición web

Contenidos

16.1. Sublime Text

Sublime Text es un editor de texto y editor de código fuente; está escrito en C++ y Python para los *plugins*. Desarrollado originalmente como una extensión de Vim, con el tiempo fue creando una identidad propia, por esto aún conserva un modo de edición tipo VI llamado Vintage mode.

Se distribuye de forma gratuita, sin embargo, no es *software* libre o de código abierto; se puede obtener una licencia para su uso ilimitado, pero no disponer de esta no genera ninguna limitación más allá de una alerta cada cierto tiempo.

INSTALACIÓN DE SUBLIME TEXT EN WINDOWS

1. Nos dirigimos a su página web, https://www.sublimetext.com/; en esta ventana nos aparecerá un botón para descargar Sublime Text (versión 4) para Windows.

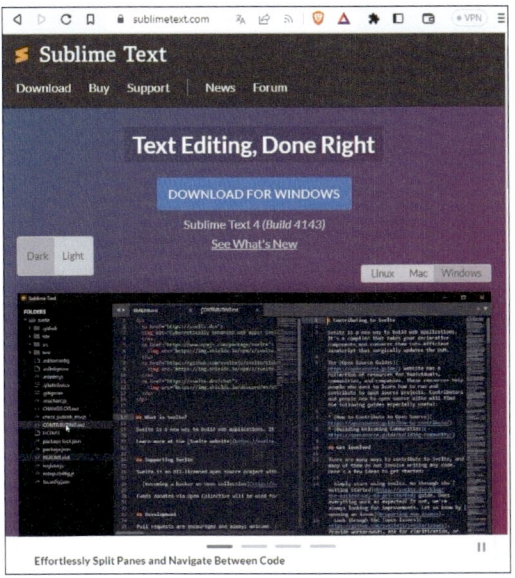

Figura 16.1. https://www.sublimetext.com/.

2. Hacemos clic en el botón y se nos descargará el fichero de instalación.

sublime_text_buil
d_4143_x64_setu
p.exe

Figura 16.2. Fichero de instalación de Sublime Text.

3. Hacemos doble clic y comenzamos la instalación. En primer lugar, hay que indicar la ubicación de la instalación del programa; podemos dejar los valores por defecto.

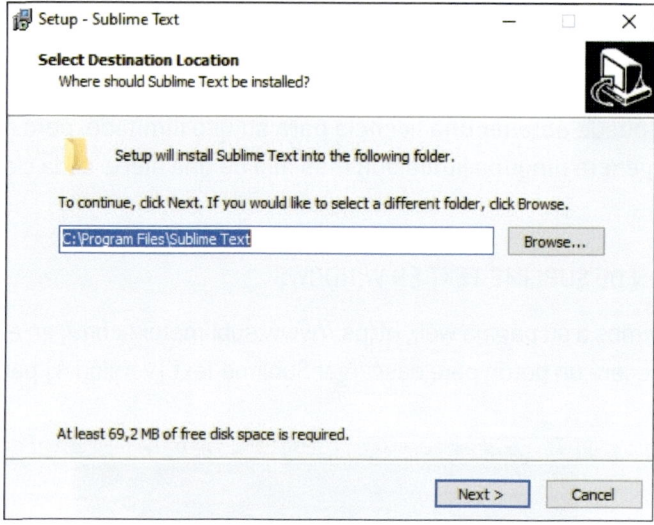

Figura 16.3. Ubicación de Sublime Text.

4. La instalación es sencilla, tan solo hay que pinchar en el botón Siguiente, siguiente para completarla. En el siguiente paso nos indica si queremos añadir la opción abrir Sublime Text desde el explorador de archivos.

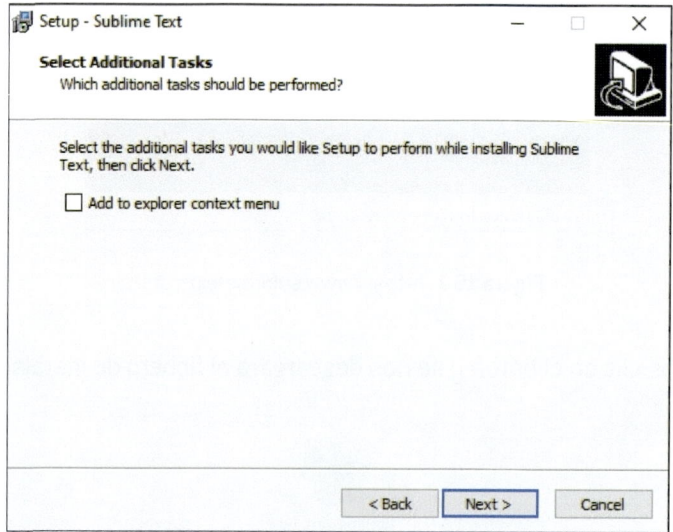

Figura 16.4. *Add to explorer context menu.*

5. Ya casi hemos terminado.

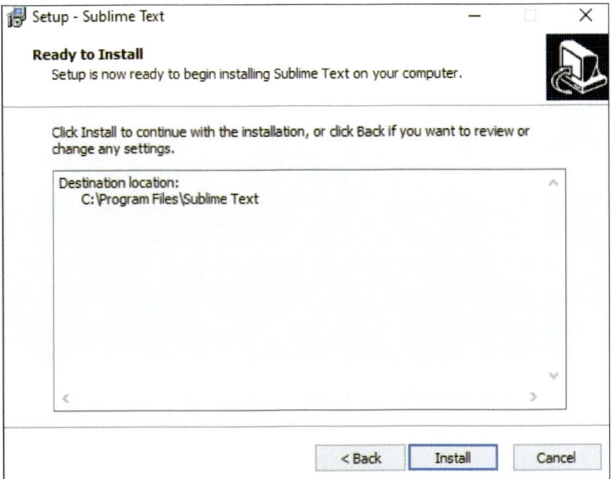

Figura 16.5. Listo para instalar.

Figura 16.6. Instalación completada.

PRÁCTICA 16.1. *Descarga e instala Sublime Text para Windows.*

INSTALACIÓN DE SUBLIME TEXT EN UBUNTU/DEBIAN LINUX

1. Nos dirigimos a su página web, https://www.sublimetext.com/, en la siguiente ventana nos aparecerá un botón para descargar Sublime Text (versión 4) para Linux.

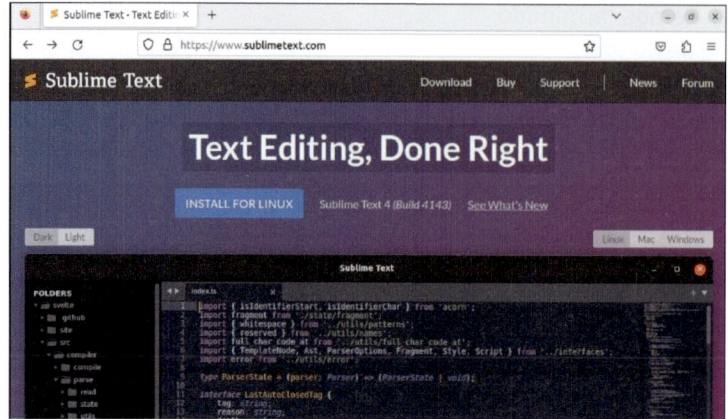

Figura 16.7. https://www.sublimetext.com/.

2. Hacemos clic en el botón y nos lleva a otra pantalla donde hay que seleccionar la distribución que tenemos, en nuestro caso, Ubuntu, Debian.

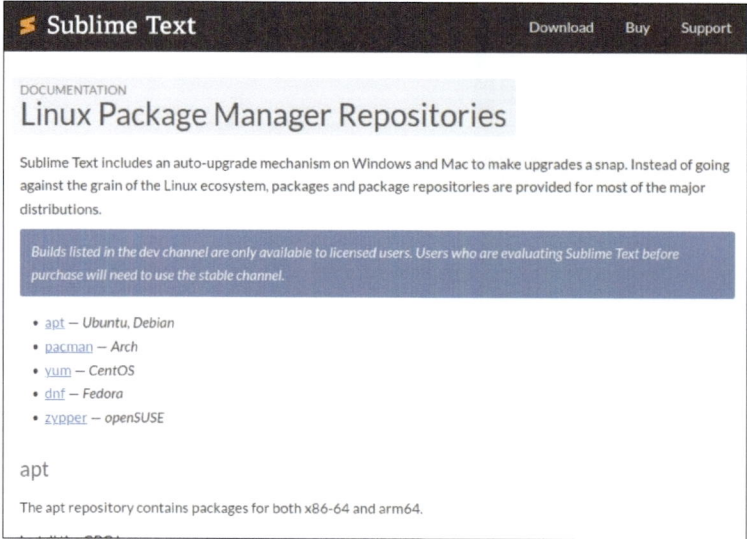

Figura 16.8. Selección de la distribución de Linux.

3. Una vez hemos hecho clic en apt, nos dirigimos a una sección donde tenemos los comandos que debemos ejecutar desde la terminal para poder instalar Sublime Text.

Figura 16.9. Pasos para instalar Sublime Text.

4. Abrimos una terminal y vamos copiando y pegando los pasos que se indican en la web.

```
ubuntu: $ wget -qO - https://download.sublimetext.com/sublimehq-pub.gpg | gpg --dearmor | sudo tee /etc/apt
/trusted.gpg.d/sublimehq-archive.gpg > /dev/null
[sudo] contraseña para administrador:
ubuntu: $ echo "deb https://download.sublimetext.com/ apt/stable/" | sudo tee /etc/apt/sources.list.d/subli
me-text.list
deb https://download.sublimetext.com/ apt/stable/
ubuntu: $ sudo apt-get update
sudo apt-get install sublime-text
Obj:1 http://security.ubuntu.com/ubuntu jammy-security InRelease
Obj:2 http://es.archive.ubuntu.com/ubuntu jammy InRelease
```

Figura 16.10. Pasos para instalar Sublime Text.

5. Una vez haya concluido tendremos Sublime Text instalado en nuestro sistema.

Figura 16.11. Sublime Text en Ubuntu.

PRÁCTICA 16.2. *Descarga e instala Sublime Text para Linux.*

16.2. Visual Studio Code

Visual Studio Code, también conocido como VS Code, es un editor de código fuente desarrollado por Microsoft para Windows, Linux, macOS y web. Incluye soporte para la depuración, control integrado de Git, resaltado de sintaxis, finalización inteligente de código, fragmentos y refactorización de código.

Es personalizable, podemos cambiar el tema del editor, los atajos de teclado y las preferencias. Es gratuito y de código abierto, aunque la descarga oficial está bajo *software* privativo e incluye características personalizadas por Microsoft.

Visual Studio Code se basa en Electron, un *framework* que se utiliza para implementar Chromium y Node.js como aplicaciones para escritorio, que se ejecuta en el motor de diseño Blink.

INSTALACIÓN DE VISUAL STUDIO CODE EN WINDOWS

1. En primer lugar, nos dirigimos a su página web: https://code.visualstudio.com/, en la que nos aparece el botón "*Download for Windows*".

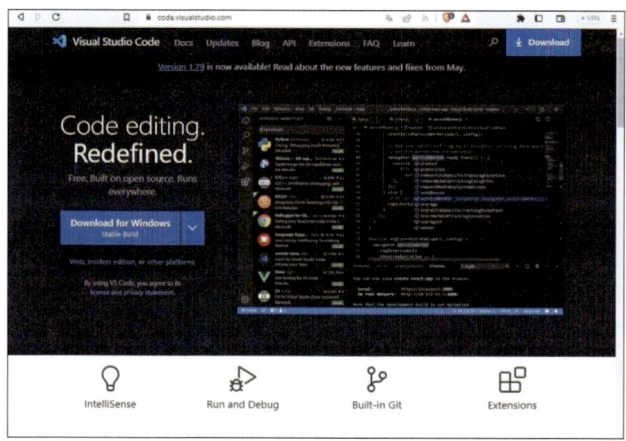

Figura 16.12. https://code.visualstudio.com/.

2. Si hacemos clic sobre ese botón se descargará el fichero de instalación.

Figura 16.13. Fichero instalación de Visual Studio Code.

3. Una vez descargado, hacemos doble clic e iniciamos la instalación.

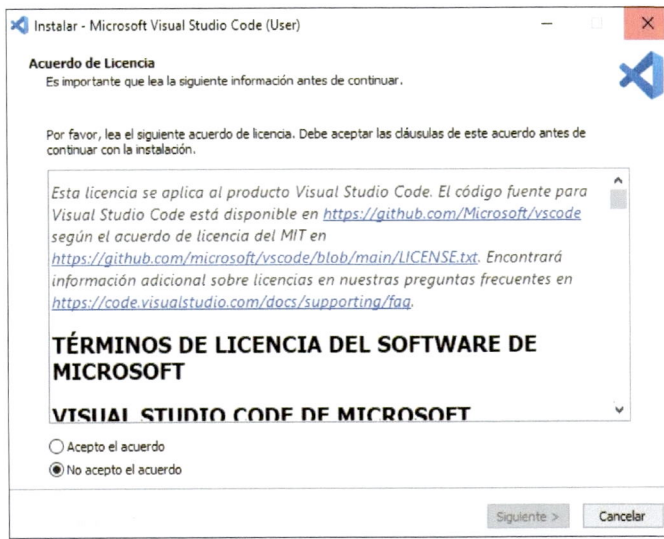

Figura 16.14. Instalación de VS Code.

4. El proceso de instalación es estándar en este tipo de aplicaciones (siguiente, siguiente), tan solo cabe destacar que podemos crear un acceso en el escritorio o integrarlo en el explorador de archivos (como sucede con Sublime Text) dentro de las tareas adicionales.

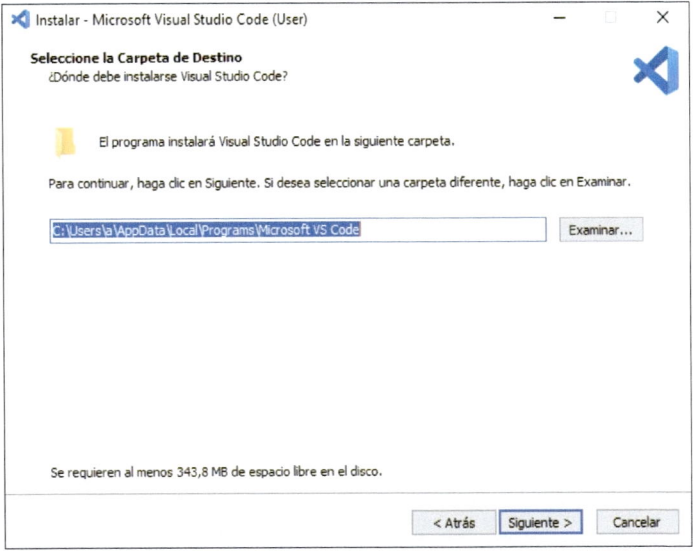

Figura 16.15. Selección de carpeta de instalación.

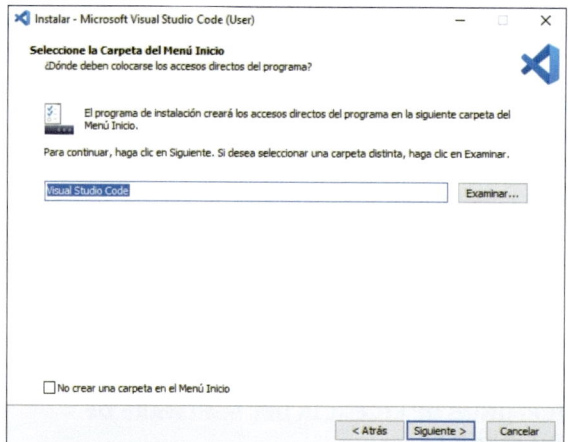

Figura 16.16. Nombre del programa en el menú Inicio.

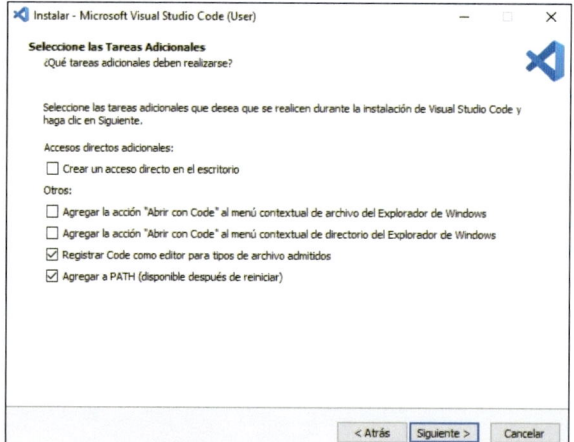

Figura 16.17. Tareas adicionales.

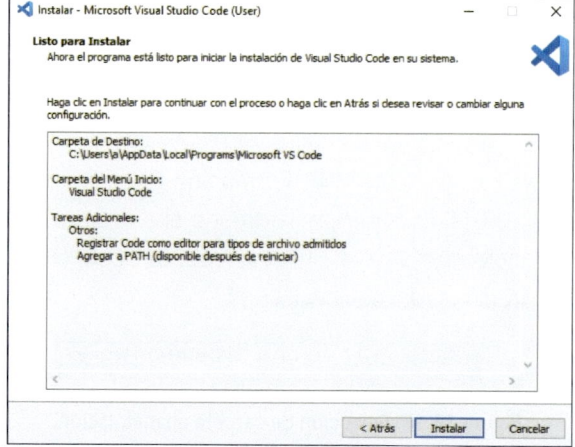

Figura 16.18. Todo listo para instalar.

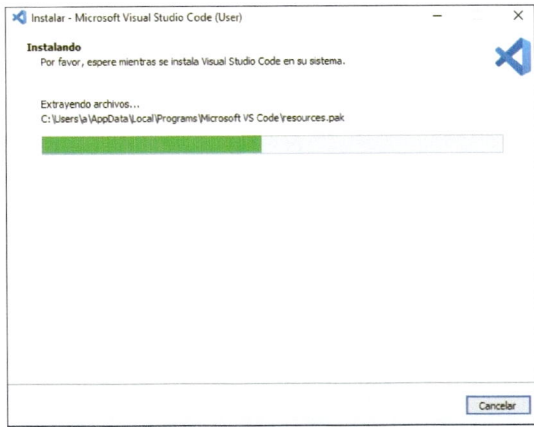

Figura 16.19. Proceso de instalación de VS code.

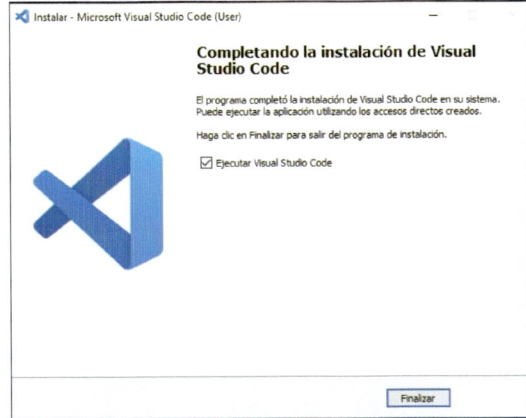

Figura 16.20. Visual Studio Code instalado.

5. Ya tenemos Visual Studio Code instalado en nuestro sistema Windows.

Figura 16.21. Visual Studio Code en funcionamiento.

INSTALACIÓN DE VISUAL STUDIO CODE EN LINUX

1. En primer lugar, nos dirigimos a su página web: https://code.visualstudio.com/, en la que nos aparecen dos botones ".deb" para distribuciones basadas en Debian (Debian, Ubuntu, etc.) y ".rpm" para distribuciones basadas en Red Hat (Red Hat, Fedora, etc).

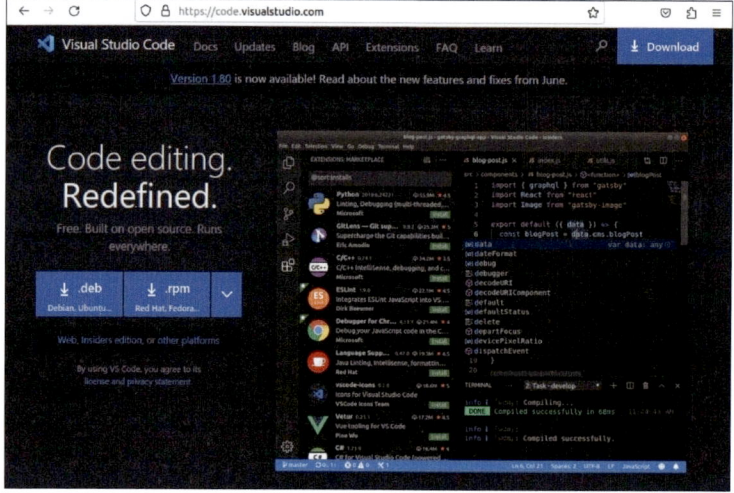

Figura 16.22. https://code.visualstudio.com

2. En nuestro caso, vamos a seleccionar ".deb", ya que vamos a instalar Visual Studio Code en Ubuntu. Se descargará un fichero con extensión ".deb".

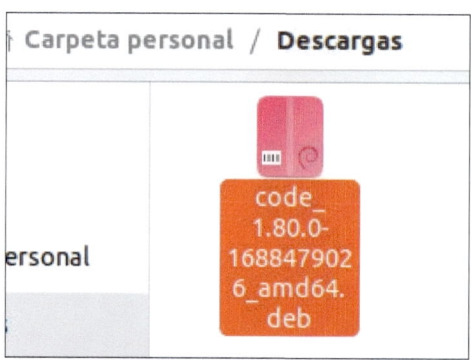

Figura 16.23. Fichero de instalacion ".deb".

3. Hacemos clic con el botón secundario del ratón sobre este fichero, y elegimos abrir con otra aplicación.

Figura 16.24. Botón secundario → Abrir con otra aplicación.

4. Seleccionamos "Instalar *software*" y damos al botón Seleccionar.

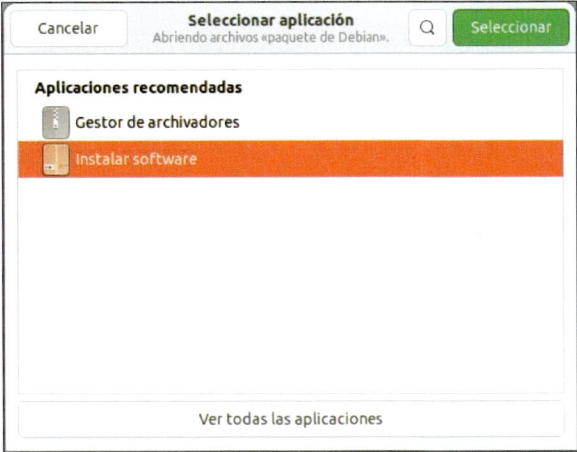

Figura 16.25. Instalar *software* → Seleccionar.

5. Nos aparecerá la pantalla de instalación con la información del programa; tan solo debemos hacer clic en Instalar para tener Visual Studio Code instalado en nuestro sistema.

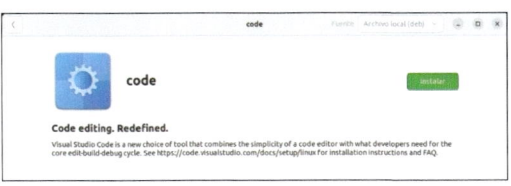

Figura 16.26. Instalar VS code.

6. Tendremos que autenticarnos como usuario administrador para proceder con la instalación de nuestro programa, ya que la instalación conllevará cambios en nuestro sistema.

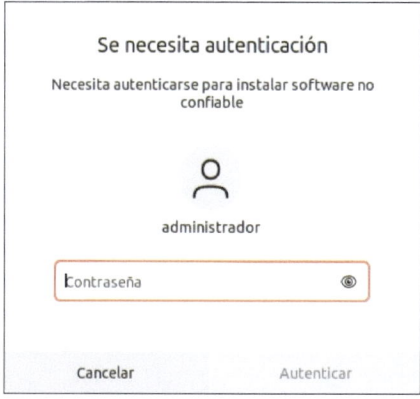

Figura 16.27. Contraseña de administrador.

7. Una vez hecho esto, ya tenemos instalado en nuestro equipo Visual Studio Code.

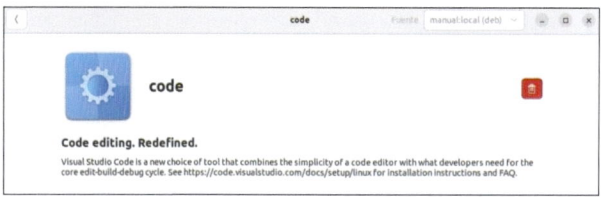

Figura 16.28. Visual Studio Code instalado.

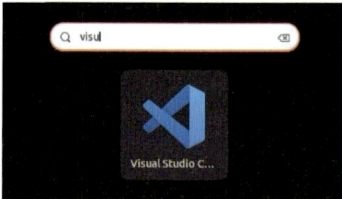

Figura 16.29. Visual Studio Code.

PRÁCTICA 16.4. *Descarga e instala Visual Studio Code para Linux.*

16.3. Bluefish

Bluefish es un *software* editor HTML multiplataforma POSIX y con licencia GPL, lo que lo convierte en *software* libre. Está dirigido a diseñadores web experimentados y programadores, y se enfoca en la edición de páginas dinámicas e interactivas. Es capaz de reconocer diversos lenguajes de programación y de marcas.

Bluefish funciona en muchos de los sistemas operativos compatibles con POSIX (*Portable Operating System Interface*) tales Linux, FreeBSD, MacOS-X, OpenBSD, Solaris y Tru64.

Emplea principalmente las bibliotecas GTK y C posix. La última versión que trabajó con GTK 1.0 o 1.2 es la 0.7. La versión actual requiere como mínimo GTK versión 2.0 (o superior), libpcre 3.0 (o superior), libaspell 0.50 o superior (opcional) para corrección de ortografía y gnome-vfs (opcional) para archivos remotos.

Bluefish cuenta con características tales como rapidez, posibilidad de abrir múltiples archivos simultáneamente, soporte multiproyecto, soporte para archivos remotos mediante gnome-vfs, marcado de sintaxis personalizable basado en expresiones regulares compatibles con Perl, soporte para subpatrones y patrones predefinidos (para HTML, PHP, JavaScript, JSP, SQL, XML, Python, Perl, CSS, ColdFusion, Pascal, R, Octave/Matlab), diálogos para etiquetas HTML, asistentes para creación fácil de documentos, creación de tablas, marcos (*frames*), soporte para múltiples codificaciones, trabajo con diferentes juegos de caracteres, numeración de líneas, menús desplegables, barras de herramientas configurables, diálogo para insertar imágenes, buscador de referencia de funciones, integración personalizable con varios programas (make, javac, etc.), resaltado de sintaxis (C, Java, JavaScript, Python, Perl, ColdFusion, Pascal, R y Octave), y traducciones completas a 22 idiomas.

INSTALACIÓN DE BLUEFISH EN WINDOWS

1. Nos dirigimos a la web de Bluefish: http://bluefish.openoffice.nl/index.html. En el menú de la parte izquierda tenemos la sección de Descargas ("*Download*").

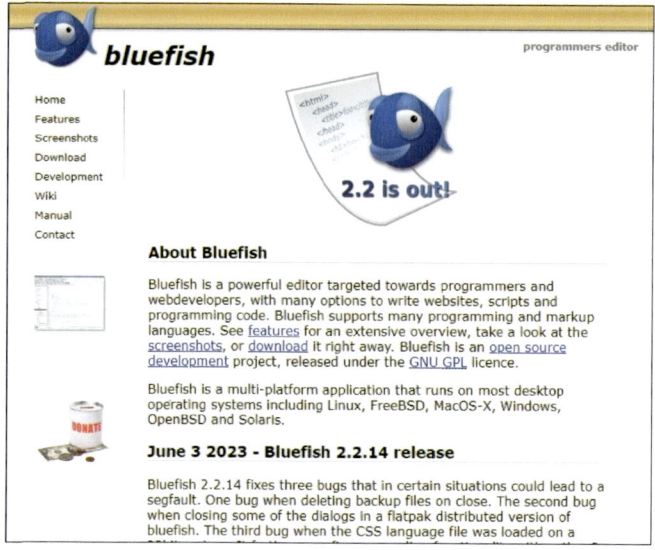

Figura 16.30. Página web de Bluefish.

2. Dentro de la sección de descargas (*Downloads*) tenemos la sección "*Installers and packages*"; debemos hacer clic sobre Windows:

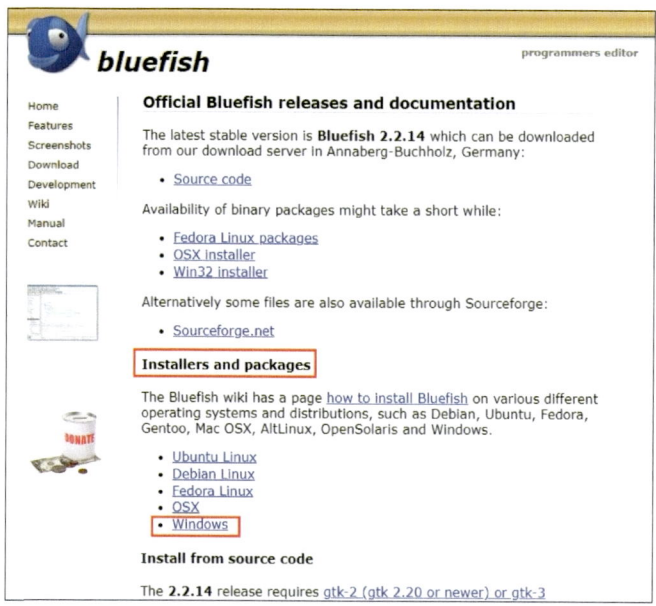

Figura 16.31. *Installers and packages* → Windows.

3. Nos lleva a una página donde debemos hacer clic en "*Download the latest Bluefish installer from the main download server*", esto nos lleva a su vez a

otra página donde seleccionaremos que versión queremos instalar, en nuestro caso, la "2.2.14beta".

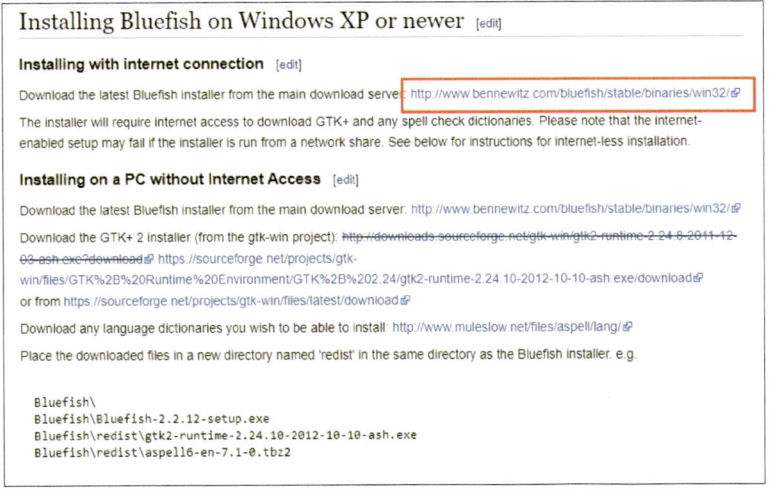

Figura 16.32. Descarga de Bluefish.

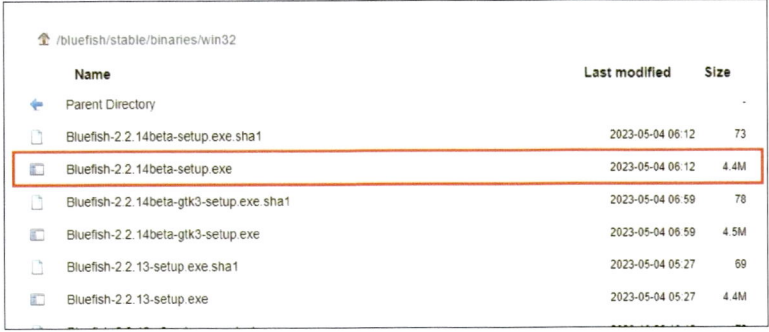

Figura 16.33. Descarga de Bluefish.

Bluefish-2.2.14be
ta-setup.exe

Figura 16.34. Fichero descargado.

4. Para instalar este fichero debemos hacer doble clic sobre él; hay que tener en cuenta que en algunas versiones de Windows habrá que hacer clic con el botón secundario del ratón y seleccionar "Ejecutar como administrador". En la primera pantalla debemos seleccionar el idioma de instalación.

Figura 16.35. Idioma de instalación.

5. Nos aparece la bienvenida al asistente de instalación:

Figura 16.36. Pantalla de bienvenida.

6. A continuación, se presenta el Acuerdo de licencia.

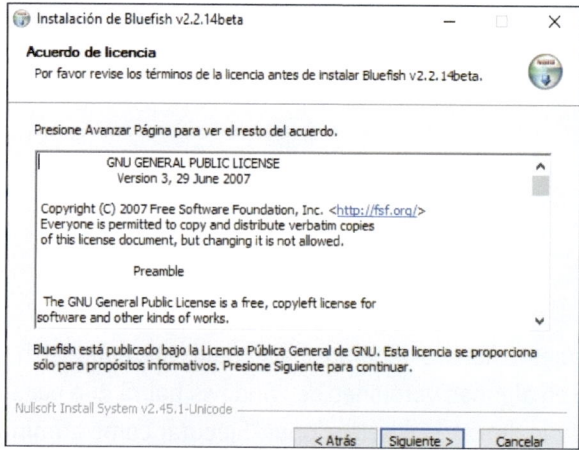

Figura 16.37. Acuerdo de licencia.

7. Ahora es el momento de seleccionar los componentes a instalar. En caso de duda se dejan los valores que vienen por defecto.

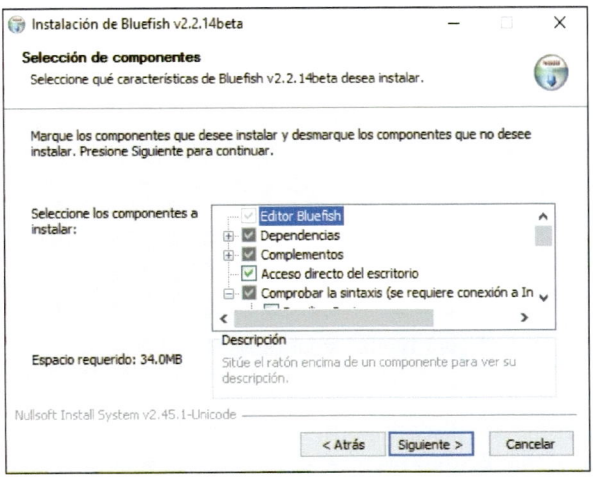

Figura 16.38. Selección de componentes.

8. Debemos seleccionar la carpeta de instalación, que por defecto es C:\Program Files (x86)\Bluefish:

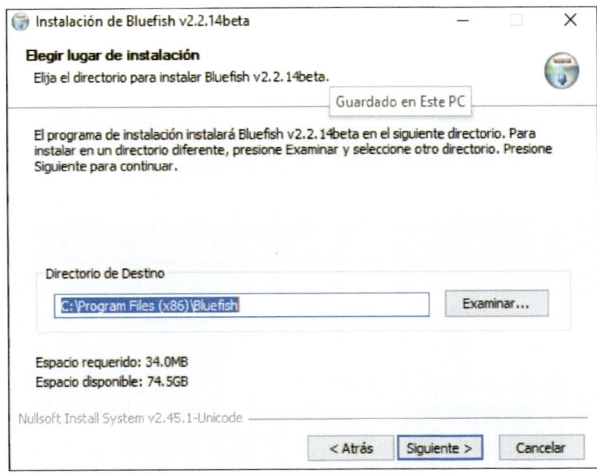

Figura 16.39. Lugar de instalación.

9. Ahora toca seleccionar la carpeta del Menú Inicio, en el que se copiarán los accesos directos de la aplicación.

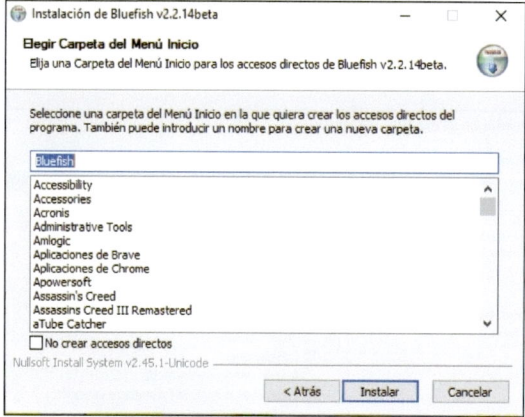

Figura 16.40. Carpeta en el Menú Inicio.

10. Ya hemos terminado de configurar la instalación: en este momento se instalará la aplicación en nuestro sistema. Una vez concluida la instalación nos aparecerá una pantalla indicando que la instalación se ha completado.

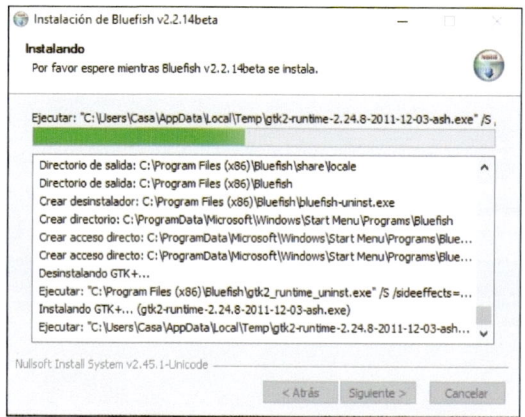

Figura 16.41. Proceso de instalación.

Figura 16.42. Instalación finalizada.

11. Ya podemos ejecutar Bluefish en nuestra máquina.

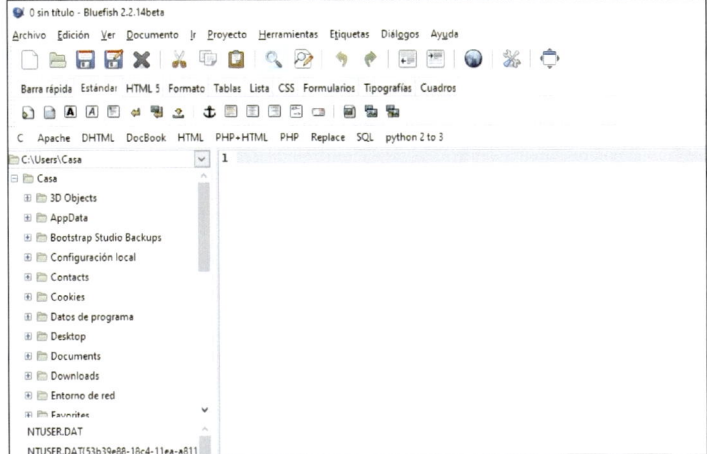

Figura 16.43. Bluefish en ejecución.

PRÁCTICA 16.5. *Descarga e instala Bluefish para Windows.*

INSTALACIÓN DE BLUEFISH EN UBUNTU/DEBIAN LINUX

Para instalar Bluefish en Ubuntu/Debian (y derivados), desde la terminal, debemos seguir los siguientes pasos:

1. Instalamos Bluefish mediante el comando **apt** (nos pedirá la contraseña de administrador).

```
sudo apt install bluefish
```

```
ubuntu: $ sudo apt install bluefish
[sudo] contraseña para administrador:
Leyendo lista de paquetes... Hecho
Creando árbol de dependencias... Hecho
Leyendo la información de estado... Hecho
Se instalarán los siguientes paquetes adicionales:
  bluefish-data bluefish-plugins libgucharmap-2-9(
```

Figura 16.44. Instalación de Bluefish mediante **apt-get**.

2. Ahora nos informa de lo que tendrá que descargar y el espacio que ocupará después en disco; si estamos de acuerdo, escribimos "s" y pulsamos intro (o directamente pulsamos intro).

```
ubuntu: $ sudo apt install bluefish
[sudo] contraseña para administrador:
Leyendo lista de paquetes... Hecho
Creando árbol de dependencias... Hecho
Leyendo la información de estado... Hecho
Se instalarán los siguientes paquetes adicionales:
  bluefish-data bluefish-plugins libgucharmap-2-90-7
Paquetes sugeridos:
  csstidy dos2unix libxml2-utils php-codesniffer pylint tidy weblint-perl
  | weblint
Se instalarán los siguientes paquetes NUEVOS:
  bluefish bluefish-data bluefish-plugins libgucharmap-2-90-7
0 actualizados, 4 nuevos se instalarán, 0 para eliminar y 114 no actualizados.
Se necesita descargar 4.366 kB de archivos.
Se utilizarán 15,6 MB de espacio de disco adicional después de esta operación.
¿Desea continuar? [S/n] █
```

Figura 16.45. ¿Desea continuar [S/n]?

3. Comienza la descarga e instalación de Bluefish en nuestra máquina.

```
Desempaquetando bluefish-plugins:amd64 (2.2.12-1.1build1) ...
Seleccionando el paquete bluefish previamente no seleccionado.
Preparando para desempaquetar .../bluefish_2.2.12-1.1build1_amd64.deb .
Desempaquetando bluefish (2.2.12-1.1build1) ...
Configurando libgucharmap-2-90-7:amd64 (1:14.0.3-1) ...
Configurando bluefish-data (2.2.12-1.1build1) ...
Configurando bluefish-plugins:amd64 (2.2.12-1.1build1) ...
Procesando disparadores para sgml-base (1.30) ...
Procesando disparadores para mailcap (3.70+nmu1ubuntu1) ...
Procesando disparadores para desktop-file-utils (0.26-1ubuntu3) ...
Procesando disparadores para hicolor-icon-theme (0.17-2) ...
Procesando disparadores para gnome-menus (3.36.0-1ubuntu3) ...
Procesando disparadores para libc-bin (2.35-0ubuntu3.1) ...
Procesando disparadores para man-db (2.10.2-1) ...
Procesando disparadores para shared-mime-info (2.1-2) ...
Configurando bluefish (2.2.12-1.1build1) ...
```

Figura 16.46. Descarga e instalación.

4. Ya podemos disfrutar de Bluefish en nuestra máquina.

Figura 16.47. Bluefish instalado.

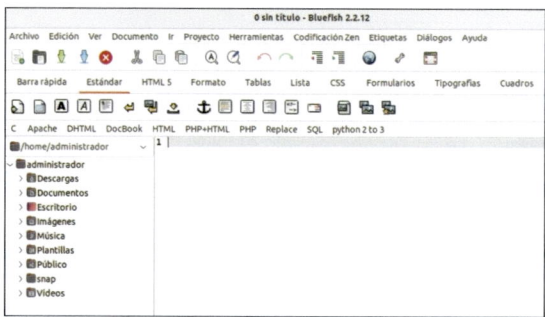

Figura 16.48. Bluefish en ejecución.

PRÁCTICA 16.6. *Descarga e instala Bluefish para Linux.*

Autoevaluación

1. Este editor de texto está escrito en C++ y Python:
   a. Sublime Text.
   b. Visual Studio Code.
   c. Bluefish.
   d. Todas las respuestas anteriores son correctas.

2. Este editor se basa en Electron:
   a. Sublime Text.
   b. Visual Studio Code.
   c. Bluefish.
   d. Todas las respuestas anteriores son correctas.

3. Este editor emplea principalmente las bibliotecas GTK y C posix.
   a. Sublime Text.
   b. Visual Studio Code.
   c. Bluefish.
   d. Todas las respuestas anteriores son correctas.

4. Este editor se puede instalar en Windows:
   a. Sublime Text.
   b. Visual Studio Code.
   c. Bluefish.
   d. Todas las respuestas anteriores son correctas.

5. Este editor se puede instalar en Linux:
   a. Sublime Text.
   b. Visual Studio Code.
   c. Bluefish.
   d. Todas las respuestas anteriores son correctas.

17. Funciones y características de las herramientas de edición web

Contenidos

17.1. Sublime Text

17.1.1. Disposición

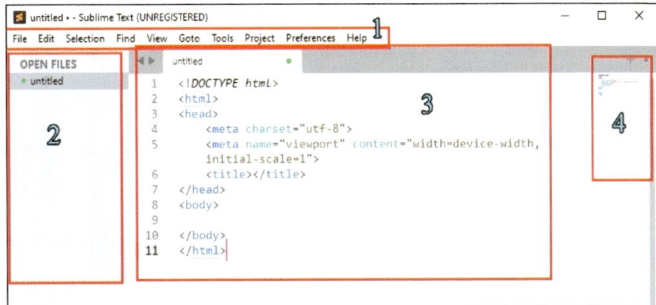

Figura 17.1. Disposción de Sublime Text.

1. Barra de menús → Aquí podremos acceder a la mayoría de las opciones de Sublime Text.

2. Explorador de archivos → Aquí tendremos los ficheros de nuestro proyecto.

3. Ventana de código → Aquí crearemos nuestros documentos HTML.

4. Minimapa → Muestra un mapa con el código que hemos generado, ideal para moverse por el código a lo largo del código en documentos largos.

17.1.2. Funciones

1. **Crear un proyecto en Sublime Text.** Si queremos desarrollar un sitio web, podremos crear un proyecto con el que trabajar. Para ello iremos a "*Project* → *Add Folder to Project*".

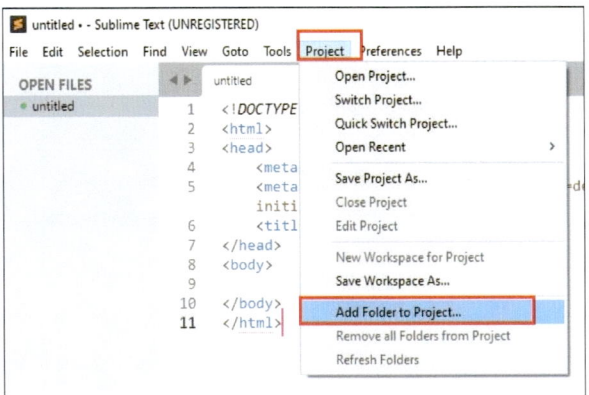

Figura 17.2. *Project* → *Add Folder to Project*.

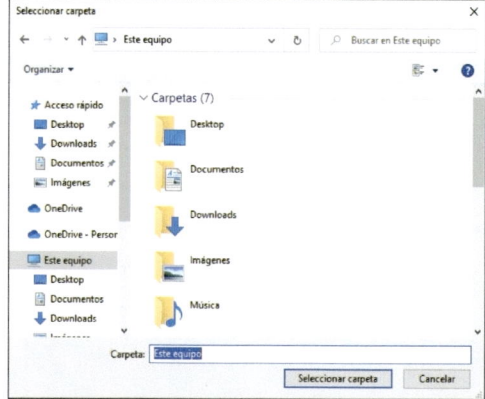

Figura 17.3. Seleccionamos carpeta.

2. **Trabajar con varias ventanas a la vez.** Podemos modificar la forma en la que Sublime Text nos muestra las ventanas a nuestro gusto, poniendo varias columnas o filas. Para ello iremos a "*View → Layout*" y allí nos aparecerán las diferentes opciones.

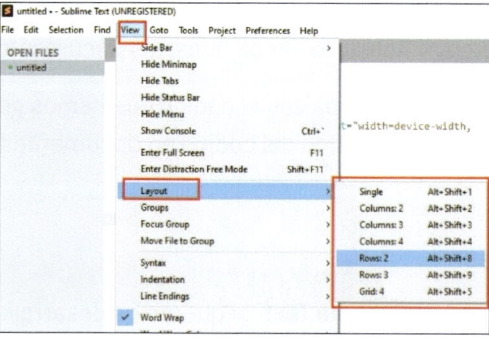

Figura 17.4. *View → Layout*.

Figura 17.5. *Layout* en 2 filas.

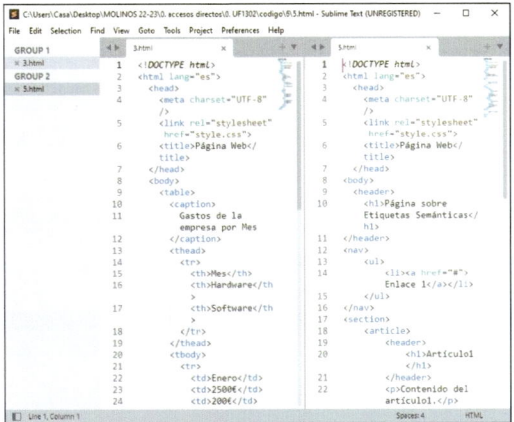

Figura 17.6. *Layout* en 2 columnas.

3. **Cambiar las preferencias de color.** Podemos cambiar el color del esquema de Sublime en "*Preferences → Select Color Scheme*" y seleccionar el que más nos guste.

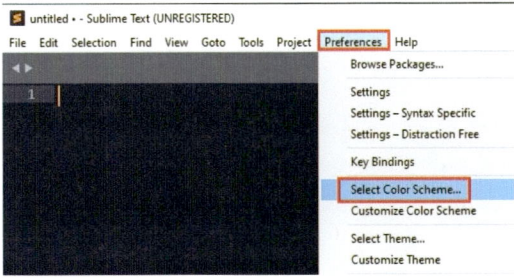

Figura 17.7. *Preferences → Select Color Scheme.*

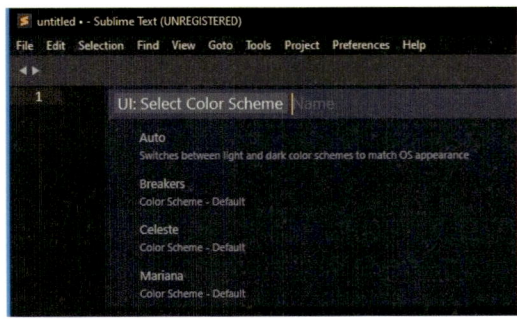

Figura 17.8. *Select Color Scheme.*

4. **Snippets.** Quizás sea lo que hace tan potente a Sublime Text, con permiso de los *plugins*. Los *snippets* nos facilitan mucho el tiempo de trabajo. Por defecto

vienen algunos *snippets* instalados. Si hacemos "Ctrl+Mayusculas+p" y escribimos "snippet" nos aparecerá un listado con los *snippets* disponibles.

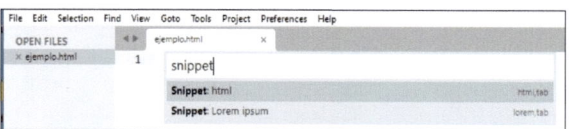

Figura 17.9. *Snippets.*

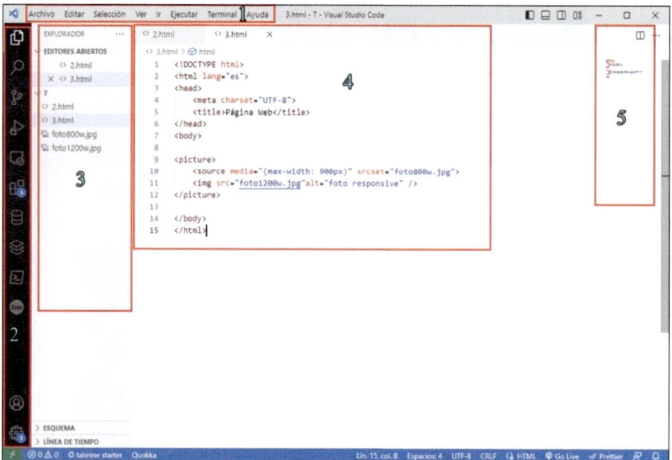

Figura 17.10. *Snippet* HTML.

17.2. Visual Studio Code

17.2.1. Disposición

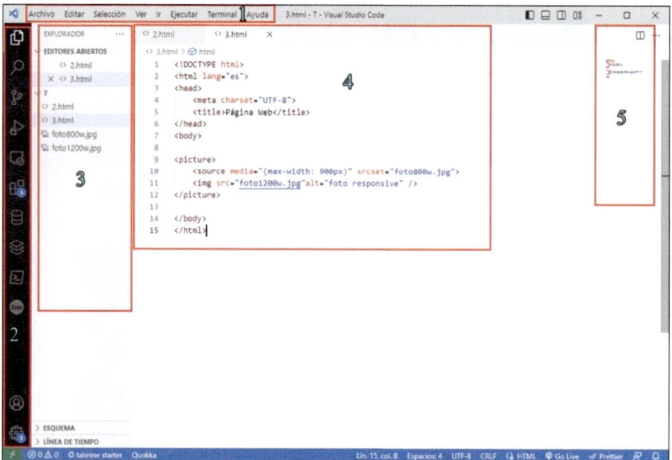

Figura 17.11. Elementos de Visual Studio Code.

1. Barra de menús → Típico de las aplicaciones, aquí podremos acceder a la mayoría de las opciones de Visual Studio Code.

2. Barra de actividades → Incluye el explorador de archivos, buscar y extensiones, entre otros.

3. Explorador de archivos → Aquí tendremos los ficheros de nuestro proyecto.

4. Ventana de código → Aquí crearemos nuestros documentos HTML.

5. Minimapa → Muestra un mapa con el código que hemos generado, ideal para para moverte a lo largo del código en documentos largos.

17.2.2. Funciones

1. **Visual Studio Code en español.** Podemos poner el editor en español haciendo clic en el botón Extensiones de la barra de actividades o pulsando la combinación de teclas "Ctrl + Mayús + X". Dentro de buscar extensiones, escribiremos "*Spanish*". Una de las extensiones es "*Spanish Language Pack for Visual Studio Code*" desarrollada por Microsoft.

Figura 17.12. Extensiones.

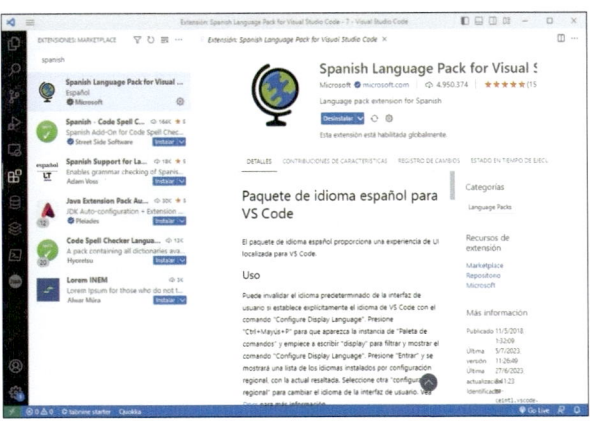

Figura 17.13. *Spanish Language Pack for Visual Studio Code.*

2. **Crear un proyecto.** Si queremos desarrollar un sitio web, podremos crear un proyecto con el que trabajar. Para ello iremos a "Archivo → Agregar carpeta al área de trabajo".

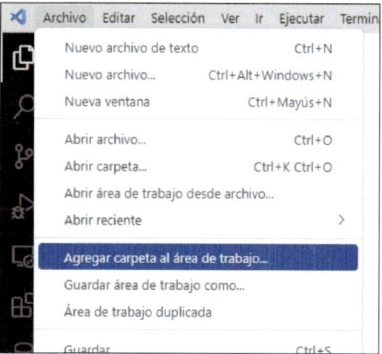

Figura 17.14. Archivo → Agregar carpeta al área de trabajo.

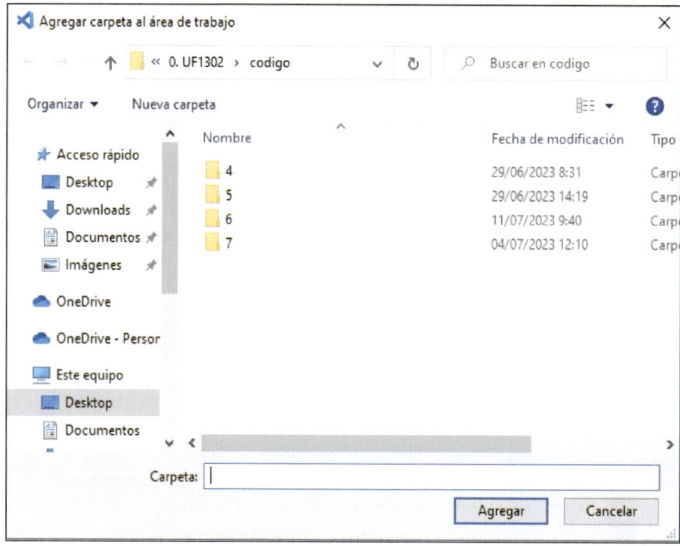

Figura 17.15. Seleccionamos carpeta.

3. **Trabajar con varias ventanas a la vez.** Podemos modificar la forma en la que el editor muestra las ventanas a nuestro gusto, poniendo varias columnas o filas. Para ello iremos a "Ver → Diseño del editor" y allí nos aparecerán las diferentes opciones.

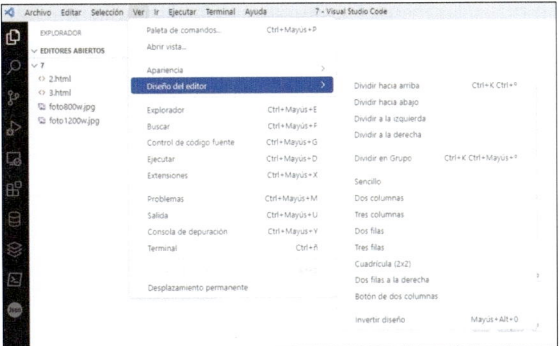

Figura 17.16. Ver → Diseño del editor.

4. **Cambiar las preferencias de color.** Podemos cambiar el color del esquema desde "Administrar" en la barra de actividades → Temas → Tema de color.

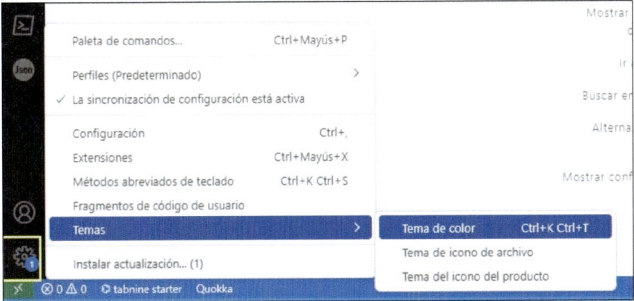

Figura 17.17. Administrar → Temas → Tema de color.

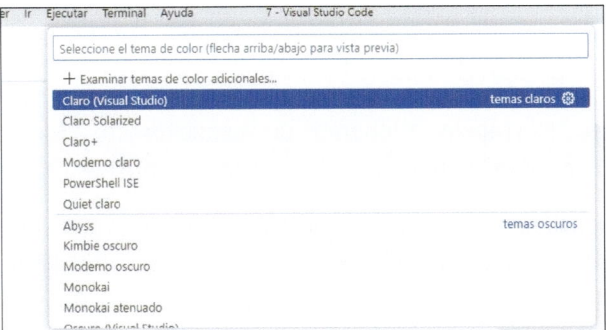

Figura 17.18. Temas de VS code.

5. **Extensiones.** Las extensiones de Visual Studio Code nos otorgan infinidad de opciones como colorear tabulaciones, etiquetas o recomendaciones de autocompletado. También hay extensiones que nos ayudan con el lenguaje de

programación que vayamos a usar como, por ejemplo, para HTML, CSS, Java-
Script, etc. Ya hemos visto anteriormente una que nos ha permitido poner en
español nuestro editor.

17.3. Bluefish

17.3.1. Disposición

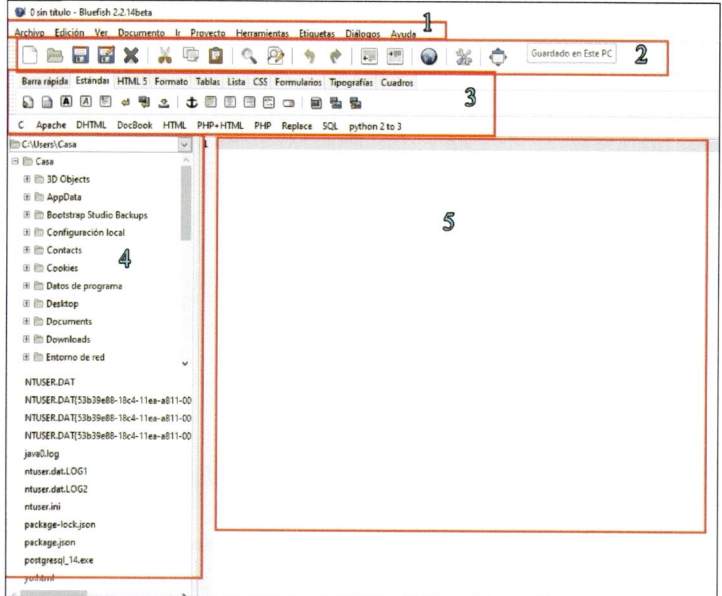

1. Barra de menús → Típico de las aplicaciones; aquí podremos acceder a la mayoría de las opciones de Visual Studio Code.

2. Iconos de acceso rápido → Tenemos un acceso directo a funciones que son
   de uso frecuente, como guardar, crear un documento nuevo, buscar, etc.

3. Barra de herramientas HTML → Aquí se nos presentan botones para insertar
   etiquetas HTML directamente, sin tener que codificar. Por ejemplo, si nos vamos a tablas, podemos crear tablas seleccionando las filas y columnas sin
   tener que codificar una sola línea de código.

4. Explorador de archivos → Aquí tendremos los ficheros de nuestro proyecto.

5. Ventana de código → Aquí crearemos nuestros documentos HTML.

17.3.2. Funciones

1. **Marcado de sintaxis.** Bluefish soporta múltiples secuencias de comandos de programación, y de lenguajes de marcado, lo que significa que puede identificar la sintaxis (gramática) de cada lenguaje y también dar pistas visuales a los programadores. Esto ayuda a la legibilidad y la búsqueda de errores de sintaxis.

2. **Autocompletado.** Para todos los lenguajes de programación que Bluefish soporta, está disponible la funcionalidad de autocompletado. Esto hace mucho más fácil la codificación y también menos propensa a errores. Después de escribir la primera letra de la palabra clave, el editor ofrece una lista desplegable de sugerencias.

3. **Diálogos y asistentes.** Para reducir el tiempo de depuración, Bluefish viene con una función para escribir código con la ayuda de los cuadros de diálogo y asistentes.

4. **Soporte para archivos remotos como FTP, SFTP, HTTP y WebDAV.** Esta característica se observa en los sistemas Linux. Bluefish abre archivos remotos a través de FTP, SFTP y protocolos HTTP, y ofrece la misma comodidad como archivos locales. Pueden verse y también modificarse archivos remotos. Esta característica es útil para el desarrollo web y para la publicación en línea.

5. *Snippets.* En programación, habitualmente aparecen fragmentos de texto de uso frecuente. Algunos ejemplos de este tipo de texto en la programación web podrían ser: apertura de una conexión de base de datos, creación de una tabla o apertura de un archivo para leerlo. Para maximizar el beneficio de un hecho, se pueden hacer cumplir los estándares de codificación y también capacitar a los recién llegados mediante la creación de conjuntos de fragmentos (*snippets*) de uso frecuente en los proyectos. Mientras que uno de los programadores crea el conjunto de fragmentos y los exporta a un archivo, otros programadores pueden importarlos a los editores para codificación. La creación de *snippets* es extremadamente simple.

6. **Recuperación automática de archivos.** Esta característica evita la pérdida de texto o el trabajo debido a los fallos del sistema. Existe un archivo temporal que se guarda con frecuencia durante la edición en la que se está trabajando. Si el sistema se bloquea antes de que el siguiente archivo sea guardado, Bluefish recupera los archivos de un almacenamiento temporal, lo que asegura que los cambios no se pierdan.

Autoevaluación

1. Un editor de HTML puede ser:
   a. Un editor simple de texto, como el Bloc de Notas o Gnome Editor.
   b. Un editor complejo, como puede ser Dreamweaver o Bluefish.
   c. Todas las respuestas anteriores son correctas.
   d. Todas las respuestas anteriores son falsas.

2. Para utilizar Sublime Text debo pagar previamente la licencia:
   a. No, ya que es una herramienta gratuita.
   b. No, aunque me da la posibilidad de pagar por ella.
   c. Sí, ya que es una herramienta privativa y no podré usarla hasta que pague.
   d. Sí, después de un periodo de evaluación deberé pagar para poder seguir utilizándola.
   e. Todas las respuestas anteriores son falsas.

3. Para utilizar Visual Studio Code debo pagar previamente la licencia:
   a. No, ya que es una herramienta gratuita.
   b. No, aunque me da la posibilidad de pagar por ella.
   c. Sí, ya que es una herramienta privativa y no podré usarla hasta que pague.
   d. Sí, después de un periodo de evaluación deberé pagar para poder seguir utilizándola.
   e. Todas las respuestas anteriores son falsas.

4. Para utilizar Bluefish debo pagar previamente la licencia:
   a. No, ya que es una herramienta gratuita.
   b. No, aunque me da la posibilidad de pagar por ella.
   c. Sí, ya que es una herramienta privativa y no podré usarla hasta que pague.
   d. Sí, después de un periodo de evaluación deberé pagar para poder seguir utilizándola.
   e. Todas las respuestas anteriores son falsas.